Cahier

Partie 2 de 2 — **5.2**

Contenu

JUMP Math
One Yonge Street, Suite 1014
Toronto, Ontario M5E 1E5
Canada
www.jumpmath.org

Auteurs : Dr Francisco Kibedi, Julie Lorinc, Dr Sohrab Rahbar
Éditeurs : Megan Burns, Liane Tsui, Natalie Francis, Lindsay Karpenko, Holly Dickinson, Jodi Rauch
Traducteur : LinguaLinx, Inc.
Mise en page et illustrations : Linh Lam, Sawyer Paul, Klaudia Bednarczyk
Concept de la page couverture : Sawyer Paul, basé sur le concept original de Blakeley Words+Pictures (2014)
Photo de la page couverture : © Vito DeFilippo/Shutterstock

ISBN 978-1-77395-211-6

Publié à l'origine en 2019 à titre de la New Canadian edition of JUMP Math AP Book 5.2 (978-1-77395-049-5).

Deuxième impression juin 2023

Imprimé et relié au Canada

Pour nous signaler une erreur ou une question dans une ressource JUMP Math, veuillez visiter notre site Web de « Corrections » à www.jumpmath.org.

Bienvenue à JUMP Math

Entrer dans le monde de JUMP Math signifie de croire que chaque enfant possède la capacité d'être complètement alphabétisé et aime les mathématiques. Le fondateur et mathématicien John Mighton a utilisé cet emplacement pour développer cette méthode d'enseignement inovatrice. Les ressources en résultant isolent et décrivent les concepts clairement et progressivement afin que tous puissent les comprendre.

JUMP Math est constitué des guides de l'enseignant, des diaporamas numériques des leçons, des cahiers, des outils d'évaluation, des programmes de sensibilisation et des développement professionnel. Tous ces éléments sont présentés sur le site Internet de JUMP Math : **www.jumpmath.org**.

Les guides de l'enseignant sont disponibles pour utilisation gratuite sur le site Internet. Lisez l'introduction des guides de l'enseignant avant d'employer ces outils pédagogiques. Cela assurera que vous comprenez la philosophie et méthodologie reliées à JUMP Math. Les cahiers sont conçus pour être utilisés par des élèves, sous surveillance d'un adulte. Chaque élève a des besoins uniques et il est important de fournir à cet étudiant le soutien approprié et l'encouragement nécessaire au sein de apprentissage des sujets inclus dans les ouvrages.

Laissez les élèves découvrir les concepts par eux-mêmes autant que possible. Les découvertes des mathématiques peuvent s'échelonner suivant de petites étapes progressives. La découverte d'une nouvelle étape est semblable à démêler les parties d'un casse-tête. Cela est excitant et gratifiant.

Les élèves auront besoin de répondre aux questions indiquées avec un ▤ dans un carnet. Des carnets de papier quadrillé devraient toujours être disponibles pour répondre à d'autres questions ou lorsque qu'un besoin d'espace additionnel pour calculer est requis.

Contenu

Unité 5 : Mesures : Durée et temps

Unité 6 : Géométrie : Angles et polygones

Unité 7 : Probabilité et traitement de données : Graphiques et sondages

PARTIE 2

Unité 8 : Les régularités et l'algèbre : Variables, expressions et équations

Unité 9 : Logique numérale : Fractions

Unité 10 : Logique numérale : Décimales

Unité 11 : Logique numérale : Utiliser les décimales

Unité 12 : Géométrie : Coordonnées et transformations

Unité 13 : Géométrie : Formes en trois dimensions

Unité 14 : Mesures : Périmètre, aire, volume et masse

Unité 15 : Probabilité et traitement de données : Probabilité

RA5-8 Expressions numériques

Une **expression numérique** est un combinaison de nombres, signes opérationnels et à l'occasion des parenthèses qui représentent une quantité.

Exemple : Ces expressions numériques représentent toutes 10.

$5 + 2 + 3$ $\qquad$ $14 - 4$ $\qquad$ $70 \div 7$ $\qquad$ $(3 + 2) \times 2$

1. Calculez l'expression numérique.

a) $2 + 5 + 1$ _____

b) 2×5 _____

c) $3 \times 2 \times 4$ _____

d) $(8 \times 3) \div 2$ _____

e) $(1 + 3) \times 4$ _____

f) $3 + (6 \div 2)$ _____

g) $(6 \times 3) \div 2$ _____

h) $(10 - 4) \div 2$ _____

i) $10 - (4 \div 2)$ _____

2. Écrivez le nombre 3 dans la boîte et puis calculez l'expression.

a) $\boxed{3} + 4 \longrightarrow \underline{\quad 7 \quad}$

b) $\boxed{3} + 2 \longrightarrow$ _____

c) $9 - \boxed{} \longrightarrow$ _____

d) $\boxed{} - 2 \longrightarrow$ _____

e) $\boxed{} \times 5 \longrightarrow$ _____

f) $18 \div \boxed{} \longrightarrow$ _____

Une **équation** est un énoncé qui a deux expressions égales séparées par un signe d'égal (=).

Exemples : $14 - 4 = 70 \div 7$ $\quad$ $12 = 3 \times 4$

3. a) Encerclez deux expressions dans la Question 1 qui représentent le même nombre.

b) Écrivez une équation en utilisant deux expressions.

_____ = _____

4. Vérifiez que cette équation est vraie.

a) $(4 + 3) \times 2 = (5 \times 3) - 1$

$(4 + 3) \times 2$ et $(5 \times 3) - 1$

$= 7 \times 2 \qquad\quad = 15 - 1$

$= 14 \qquad\qquad = 14$

b) $2 \times 4 \times 5 = 4 \times 10$

$2 \times 4 \times 5$ et 4×10

c) $3 + 11 = (3 + 1) + (11 - 1)$

$3 + 11$ et $(3 + 1) + (11 - 1)$

d) $3 + 11 = (3 + 2) + (11 - 2)$

$3 + 11$ et $(3 + 2) + (11 - 2)$

RA5-9 Quantités et équations inconnues

1. Certaines pommes sont à l'intérieur d'un sac et certaines à l'extérieur du sac. Le nombre total de pommes est montré. Dessinez les pommes manquantes dans le sac.

a) 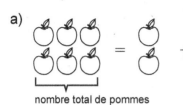 = 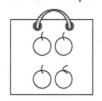 + [sac]

nombre total de pommes

b) 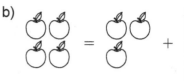 = + [sac]

c)  + [sac] =

d) [sac]  + [pomme] = [4 pommes + 3 pommes]

2. Dessinez les pommes manquantes dans le sac. Puis écrivez l'équation (en nombres) pour représenter l'image.

a) [pommes] = [pommes] + [sac]

__5__ = __3__ + [ ]

b) [pommes] = [pommes] + [sac]

_____ = _____ + [ ]

c) [pommes] + [sac] = [pommes]

_____ + [ ] = _____

d) [pommes] + [sac] = [pommes]

_____ + [ ] = _____

3. Écrivez une équation pour chaque problème. Utilisez une boîte pour la quantité inconnue.

a) Il y a 7 pommes en tout. Il y en a 4 hors du panier. Combien sont à l'intérieur?

__7__ = __4__ + [ ]

b) Il y a 9 pommes en tout. Il y en a 7 hors du panier. Combien sont à l'intérieur?

_____ = _____ + [ ]

c) Il y a 11 prunes au total. Il y en a 5 l'intérieur d'un sac. Combien sont dehors?

d) 17 élèves sont à la bibliothèque. Il y en a 9 à la classe d'ordinateurs. Combien sont dehors de la classe d'ordinateurs?

4. Jun a pris quelques pommes d'un sac. Montrez combien de pommes étaient dans le sac à l'origine.

a) 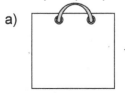 − 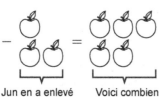 = [pommes]

Jun en a enlevé autant que ceci.

Voici combien il en restait.

b) 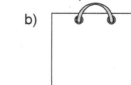 − [pommes] =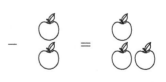

5. Montrez combien de pommes étaient dans le sac à l'origine. Puis écrivez l'équation pour représenter l'image.

a)  $-$  $=$

$\boxed{}$ $-$ $\quad 4 \quad$ $=$ $\quad 3$

b) $\qquad$ $-$ $=$

$\boxed{}$ $-$ $\quad 2 \quad$ $=$ $\quad 5$

6. Trouvez le nombre qui rend l'équation vraie et écrivez-le dans la boîte.

a) $\boxed{6} + 3 = 9$

b) $\boxed{} + 4 = 9$

c) $\boxed{} + 5 = 9$

d) $8 - \boxed{} = 5$

e) $13 - \boxed{} = 11$

f) $19 - \boxed{} = 8$

g) $3 + 6 = 5 + \boxed{}$

h) $10 - 3 = \boxed{} + 4$

i) $1 + 5 = 7 - \boxed{}$

7. Dessinez le même nombre de pommes dans chaque boîte. Écrivez l'équation pour l'image.

a) 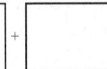 $+$  $=$

$\boxed{} + \boxed{} = 10$

b) $\boxed{}$ $+$ $\boxed{}$ $+$ $\boxed{}$ $=$ _____

8. Dessinez une image pour l'équation. Utilisez votre image pour résoudre l'équation.

a)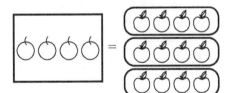

$3 \times \boxed{4} = 12$

b) $2 \times \boxed{}$ $=$

$2 \times \boxed{} = 10$

c) $3 \times \boxed{}$ $=$

$3 \times \boxed{} = 18$

d) 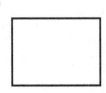 $\times 6 =$

$\boxed{} \times 6 = 24$

9. Combien de pommes devraient être dans la boîte? Écrivez le nombre.

a) $2 \times \boxed{3} =$ 🍎🍎🍎 🍎🍎🍎

b) $2 \times \boxed{} =$ 🍎🍎 🍎🍎

c) $\boxed{} \times 3 =$ 🍎🍎🍎 🍎🍎🍎

d) $\boxed{} \times 4 =$ 🍎🍎🍎🍎 🍎🍎🍎🍎

e) $3 \times$ 🍎🍎🍎 🍎🍎🍎 $= \boxed{}$

f) $3 \times$ 🍎🍎 🍎🍎 $= \boxed{}$

g) $8 \times$ 🍎🍎 🍎 $= \boxed{}$

h) $7 \times$ 🍎🍎 🍎🍎 $= \boxed{}$

BONUS ▶ Il y a 13 pommes dans le sac. Quel nombre va dans la boîte?

$4 \times \left(\text{🛍️ 🍎🍎} \right) = \boxed{}$

Utilisez des cercles au lieu de pommes pour simplifier votre dessin.

10. Dessinez une image pour chaque équation. Puis résolvez l'équation à l'aide de votre image.

a) $3 \times 4 = \boxed{}$

b) $3 \times \boxed{} = 18$

11. Résolvez l'équation en vérifiant et en devinant.

a) $6 \times \boxed{} = 30$

b) $\boxed{} \times 2 = 18$

c) $2 \times \boxed{} = 24$

d) $\boxed{} \times 7 = 42$

e) $24 \div \boxed{} = 6$

f) $\boxed{} \div 5 = 6$

g) $5 \times 4 = \boxed{} \times 10$

h) $12 \times 3 = 9 \times \boxed{}$

12. Résolvez l'équation en écrivant l'inconnu par lui-même.

a) $3 \times \boxed{} = 18$

b) $\boxed{} \times 7 = 28$

c) $\boxed{} \div 4 = 5$

d) $12 \div \boxed{} = 6$

e) $\boxed{} \times 8 = 32$

f) $\boxed{} \div 5 = 7$

g) $24 \div \boxed{} = 4$

h) $30 \div \boxed{} = 2$

RA5-10 Traduire des mots en expressions

1. Coordonnez la description avec l'expression numérique adéquate.

   a) 2 de plus que 6 4×6

        6 divisé par 3 $6 - 2$

        2 de moins que 6 $6 + 2$

        le product de 6 et 4 $6 - 3$

        6 diminué de 3 $6 \div 3$

   b) 2 divisé en 11 3×1

        11 réduit par 4 $11 \div 2$

        11 fois 3 $11 + 3$

        deux fois plus que 11 $11 - 4$

        11 augmenté de 3 2×11

2. Écrivez une expression pour chaque description.

   a) 4 plus de 3   *$3 + 4$*

   b) 15 diminué par 8 _____

   c) 24 divisé par 8 _____

   d) 2 de moins que 9   *$9 - 2$*

   e) 67 augmenté par 29 _____

   f) 35 ajouté à 4 _____

   g) deux fois autant que 5 _____

   h) 15 divisé par 5 _____

   i) le produit de 7 et 4 _____

   j) 5 fois 8 _____

3. Transformez les directives écrites en expressions mathématiques.

   a) Additionnez 8 et 3.   *$8 + 3$*

   b) Divisez 6 par 2. _____

   c) Additionnez 34 et 9. _____

   d) Soustrayez 5 de 7. _____

   e) Multipliez 42 et 2. _____

   f) Diminuez 3 par 2. _____

   g) Additionnez 8 et 4. Puis divisez par 3. _____

   h) Divisez 8 par 4. Puis ajoutez 5. _____

   i) Divisez 4 par 2. Puis additionnez 10. Puis soustrayez 4. _____

   j) Multipliez 6 et 5. Puis soustrayez 20. Puis divisez par 2. _____

4. Écrivez l'expression mathématique en mots.

   a) $(6 + 2) \times 3$ *Additionnez 6 et 2. Puis multipliez par 3.*

   b) $(6 + 1) \times 2$ _____

   c) $12 - 5 \times 2$ _____

   d) $(3 - 2) \times 4$ _____

   BONUS ▶

   $4 \times (3 - 1 + 5)$ _____

5. Quelle distance parcourra une motocyclette à la vitesse et en un temps donné?
Écrivez l'expression numérique.

a) Vitesse : 60 km/heure
Temps : 2 heures

b) Vitesse : 80 km/heure
Temps : 4 heures

c) Vitesse : 70 km/heure
Temps : 5 heures

Distance : ___60 × 2___ km

Distance: _____ km

Distance: _____ km

6. a) Regardez le signe ci−bas, puis écrivez une expression numérique pour le coût de location de la moto pour...

i) 1 heure : ___5 × 1___   ii) 2 heures: _____   iii) 4 heures: _____

b) Complétez la description de l'expression.

i) 5 × 3 est le coût de location de la moto pour __3__ heures.

ii) 5 × 2 est le coût de location de la moto pour ____ heures.

iii) 5 × 5 est le coût de location de la moto pour ____ heures.

7. a) Une autre entreprise de location charge 3 $ pour chaque heure. Écrivez l'expression numérique pour le coût de location du vélo pour...

i) 1 heure : ___3 × 1___   ii) 2 heures: _____   iii) 4 heures: _____

b) Complétez la description de l'expression.

i) 3 × 3 est le coût de location du vélo pour __3__ heures.

ii) 3 × 2 est le coût de location du vélo pour ____ heures.

iii) 3 × 5 est le coût de location du vélo pour ____ heures.

8. Un voyage scolaire pour la classe de 5e année coûte 11 $ par élève plus 2 $ pour une collation.

a) Écrivez une expression pour représenter le coût d'1 élève et 1 collation. _____

b) Écrivez une expression pour représenter le coût pour 3 élèves et 3 collations. _____

BONUS ▶ Écrivez un problème en mots qui pourrait être représenté par 19 × (11 + 2).

9. Une passe journalière peut être utilisée par 2 adultes et 2 enfants pour voyager par autobus un fois par jour de façon illimitée les fins de semaine. Écrivez une expression pour représenter le nombre de passes journalières requises pour 10 adultes et 10 enfants.
Indice : Le nombre d'adultes et le nombre d'enfants sont pareils.

BONUS ▶ 20 élèves de chaque classe vont au musée. Il y a 5 classes, ainsi que 13 professeurs et 16 parents.

a) Écrivez une expression qui représente le nombre de personnes qui iront au musée.

b) Combien d'autobus seront requises si 30 personnes embarquent dans chaque bus?

RA5-11 Variables

1. Regardez le signe à droite puis écrivez l'expression numérique pour le coût de location de patins pour...

   a) 2 heures : __3 × 2__

   b) 5 heures: _____

   c) 6 heures: _____

   d) 8 heures: _____

Une **variable** est une lettre ou un symbole (tels x, n, ou H) qui représente un nombre.

Pour établir une **expression algébrique**, remplacez certains numéros dans une expression numérique avec des variables.

Exemples d'expressions algébriques : $x + 1$ $3 + 4 \times T$ $2 + t - 3 \times h$

---

2. Écrivez une expression pour la distance qu'une voiture parcourrait à une vitesse et un temps donnés.

   a) Vitesse : 60 km/heure

      Temps : 2 heures

      Distance: _____ km

   b) Vitesse : 80 km/heure

      Temps : 3 heures

      Distance: _____ km

   c) Vitesse : 70 km/heure

      Temps : h heures

      Distance: _____ km

Dans le produit d'un nombre et une variable, le signe de la multiplication est habituellement laissé de côté.

Exemples : $3 \times T$ peut être écrit $3T$ et $5 \times z$ peut être écrit $5z$.

---

3. Regardez le signe à droite, puis écrivez une expression algébrique pour le coût de location de skis pour...

   a) h heures : __$5 \times h$__ ou __$5h$__

   b) t heures : _____ ou _____

   c) x heures: _____ ou _____

   d) n heures: _____ ou _____

4. Écrivez une équation qui vous dit que la relation entre les nombres dans la Colonne A et la Colonne B. Indice : En premier trouvez le nombre que vous avez besoin pour additionner ou multiplier.

a)

A	B
1	4
2	5
3	6

$A + 3 = B$

b)

A	B
1	2
2	4
3	6

$2 \times A = B$

$ou\ 2A = B$

c)

A	B
1	3
2	4
3	5

_____

d)

A	B
1	3
2	6
3	9

_____

_____

e)

A	B
1	5
2	10
3	15

_____

_____

Lorsque vous remplacez une variable avec un nombre, nous utilisons les parenthèses.

Exemple : Remplacer n avec 7 dans l'expression $3n$ donne $3(7)$, qui est une autre façon d'écrire 3×7.

5. Écrivez le nombre 2 dans entre parenthèses puis évaluez.

a) $5(2) = \underline{\ 5 \times 2\ } = \underline{\ 10\ }$

b) $3(\ \ ) = \underline{\hspace{2cm}} = \underline{\hspace{1cm}}$

c) $4(\ \ ) = \underline{\hspace{2cm}} = \underline{\hspace{1cm}}$

d) $2(\ \ ) + 5$

e) $4(\ \ ) - 2$

f) $6(\ \ ) + 3$

$= \underline{\ 2 \times 2 + 5\ } = \underline{\ 4 + 5\ }$

$= \underline{\hspace{2cm}} = \underline{\hspace{1cm}}$

$= \underline{\hspace{2cm}} = \underline{\hspace{1cm}}$

$= \underline{\ 9\ }$

$= \underline{\hspace{1cm}}$

$= \underline{\hspace{1cm}}$

6. Remplacez n avec 2 dans chaque expression et évaluez.

a) $4n + 3$

$4(2) + 3$

$= 8 + 3 = 11$

b) $5n + 1$

c) $3n - 2$

d) $2n + 3$

e) $4n - 3$

f) $2n - 4$

7. Remplacez la variable avec le nombre donné et évaluez.

a) $5h + 2, \quad h = 3$

$5(3) + 2$

$= 15 + 2 = 17$

b) $2n + 3, \quad n = 6$

c) $5t - 2, \quad t = 4$

d) $3m + 9, \quad m = 8$

e) $9 - z, \quad z = 4$

f) $3n + 2, \quad n = 5$

8. Évaluez chaque expression.

a) $2n + 3, \quad n = 5$

$2(5) + 3$

$= 10 + 3 = 13$

b) $2t + 3, \quad t = 5$

c) $2w + 3, \quad w = 5$

9. Que remarquez-vous à propos de vos réponses à la Question 8? $\underline{\hspace{5cm}}$

Pourquoi cela en est−il ainsi? $\underline{\hspace{6cm}}$

$\underline{\hspace{10cm}}$

RA5-12 Totaux, différences et équations

1. Remplissez le tableau. Écrivez *x* pour le nombre que vous n'êtes pas donné.

		Ballons bleus	Ballons rouges	Ballons au total	Une autre façon d'écrire le total
a)	9 ballons bleus 17 ballons au total	9	x	17	9 + x
b)	15 ballons bleus 13 ballons rouges				
c)	31 ballons au total 18 ballons bleus				
d)	17 ballons rouges 23 ballons au total				
e)	34 ballons rouges 21 ballons bleus				

Lorsque vous pouvez écrire le même nombre de deux façons, vous pouvez écrire une équation.

Exemple : 9 ballons bleus, *x* ballons rouges, 17 ballons au total

Écrivez le total de deux façons pour obtenir l'équation : $9 + x = 17$

2. Encerclez le total dans l'histoire. Puis écrivez l'équation.

a) 15 ballons bleus
~~28 ballons au total~~
x ballons rouges

$15 + x = 28$

b) 12 ballons bleus
14 ballons rouges
x ballons au total

_____

c) 27 ballons au total
19 ballons rouges
x ballons bleus

_____

d) Il y a 13 de pommes rouges.
Il y a *x* pommes vertes.
Il y a 27 pommes au total.

_____

e) Il y a *x* pommes rouges.
Il y a 14 pommes vertes.
Il y a 39 pommes au total.

_____

f) Il y a 55 pommes rouges.
Il y a 16 pommes vertes.
Il y a *x* pommes au total.

_____

3. Encerclez le total dans l'histoire. Puis écrivez l'équation et résolvez-la.

a) Il y a 9 chats.
Il y a 12 chiens.
Il y a *x* animaux au total.

_____

_____

b) Il y a 19 autocollants.
x d'entre eux sont noirs.
11 d'entre eux ne sont pas noirs.

_____

_____

c) Kim a 9 amis.
x d'entre eux sont en 6e année.
6 amis sont en 5e année.

_____

_____

partie plus large − partie plus petite = différence

$$9 \quad - \quad x \quad = \quad 4$$

9 est 4 de plus que x. x est 4 de moins que 9. Donc $x = 9 - 4$ et maintenant la variable x est par elle-même.

4. Remplissez le tableau. Écrivez x pour le nombre que vous n'êtes pas donné.
   Encerclez la partie la plus large et puis écrivez la différence d'une autre façon.

		Parties		Différence	Une autre façon d'écrire la différence
		Pommes	Oranges		
a)	13 pommes, 5 oranges de plus que de pommes	13	⬭x	5	$x - 13$
b)	9 oranges de plus que de pommes, 12 pommes				
c)	6 pommes, 7 oranges				
d)	19 oranges, 8 pommes de moins que d'oranges				
e)	27 oranges, 13 oranges de moins que de pommes				

5. Encerclez la partie qui est plus large. Écrivez la différence de deux façons pour faire une équation.

a) ⬭8 pommes⬭
   3 moins d'oranges que de pommes
   x oranges

   $\underline{8 - x = 3}$

b) 5 pommes
   13 oranges
   x plus d'oranges que de pommes

   _____

c) 12 plus de pommes que d'oranges
   5 oranges
   x pommes

   _____

6. Encerclez la partie qui est plus large. Écrivez la différence de deux façons pour faire une équation.
   Puis résolvez l'équation.

a) Il y en a ⬭7 jeux.⬭
   Il y a x livres.
   Il y en a 5 jeux de plus
   que de livres.

b) Il y a x jeux.
   Il y a 12 livres.
   Il y a 5 jeux de plus
   que de livres.

c) Il y a 12 jeux.
   Il y a 29 livres.
   Il y a 6 jeux x de moins
   que de livres.

d) Il y a 17 crayons.
   Il y a x crayons.
   Il y a 8 crayons de plus
   que de crayons.

e) Tom a 19 autocollants.
   Avril a x autocollants.
   Tom en a 13 de moins
   autocollants qu'Avril.

f) La classe d'Eric a x élèves.
   La classe d'Amy a 34 élèves.
   la classe d'Eric en a 6 de moins
   élèves que la classe d'Amy.

7. Remplissez le tableau. Écrivez *x* pour le nombre que vous n'êtes pas donné.

Problème	Parties	Combien?	Équations et solution
a) Alex a 22 mélodies de jazz dans sa collection. Il a 8 mélodies de jazz de plus que de chansons pop. Combien de chansons pop a-t-il?	*chansons jazz*	⟨22⟩	$22 - x = 8$ $22 - 8 = x$
	chansons pop	*x*	$14 = x$
b) Dory a 21 ballons rouges. Elle a 9 ballons verts. Combien de ballons rouges de plus que de verts a-t-elle?			
c) Il y a 7 pommes dans le réfrigérateur. Il y a 4 oranges de plus que de pommes dans le réfrigérateur. Combien d'oranges y a-t-il au total?			
d) Les louves européennes pèsent 4 kg moins que les loups mâles. Les mâles pèsent 38 kg. Combien les femelles pèsent-elles?			

8. Écrivez la différence de deux façons pour écrire une équation. Puis résolvez l'équation.

a) Simon a fait 25 minutes d'exercices sur samedi. Le dimanche il s'entraîne pour 17 minutes de plus que Samedi. Pour les combien de temps s'est-il entraîné dimanche?

$$x - 25 = 17$$

$$x = 17 + 25$$

$$= 42$$

b) Il y a 32 enseignants dans l'école. Il y a 18 volontaires de moins que d'enseignants. Combien de volontaires qui sont là?

_____

_____

_____

c) Les loups nord américains pèsent 36 kg. les loups Indiens-Arabes pèsent 11 kg moins. Combien pèsent les loups Indiens-Arabes?

d) Jasmin a parcouru 13 km en vélo samedi. Elle a fait 5 km de plus dimanche que samedi. Combien de kilomètres a-t-elle parcourus dimanche?

e) Raj a compté 68 voitures dans le stationnement le lundi et 39 voitures le mardi. Combien de voitures de moins étaient stationnées là le mardi?

BONUS ▶
Le vernissage de Grace a eu 658 visiteurs la première nuit La nuit suivante, il y avait de plus que la première nuit. Combien de visiteurs sont venus la deuxième nuit?

RA5-13 Problèmes et équations : Addition et soustraction

1. Remplissez le tableau. Écrivez *x* pour le nombre que vous devez trouver. Biffez les cellules que vous n'utilisez pas.

	Problème	Parties	Combien?	Différence / Total	Équations et solution
a)	Ethan a 2 chiens et 5 poissons. Combien d'animaux a-t-il?	chiens	2	Différence : ~~___~~	$2 + 5 = x$
		poisson	5	Total : __x__	$x = 7$
b)	Sharon a marché en montagne 9 km samedi. Elle a marché en montagne 12 km dimanche. Quelle distance a parcouru Sharon en deux jours?			Différence : _____	
				Total : _____	
c)	Luc a économisé 36 $ en janvier. Il a économisé 17 $ de moins en février qu'en janvier. Combien d'argent a-t-il économisé en février?			Différence : _____	
				Total : _____	
d)	La montagne russe Leviathan mesure 93 m de haut. Elle est 25 m plus haute que le manège Yukon Striker. Quelle est la hauteur du Yukon Striker?			Différence : _____	
				Total : _____	
e)	Un supermarché a vendu 164 sacs de patates blanches et jaunes. Si 76 sacs étaient remplis de patates blanches, combien de sacs de patates jaunes ont été vendus?			Différence : _____	
				Total : _____	

2. Écrivez les pièces et combien de chacune. Puis écrivez l'équation et résolvez-la.

   a) Cam a 12 billes bleues. Il a 9 billes rouges de plus que de billes bleues. Combien de billes rouges a-t-il?

   b) Cam a également 7 billes vertes de moins que de billes rouges. Combien de billes vertes a-t-il?

   c) Combien de billes rouges, bleues et vertes Cam a-t-il en tout et partout? _____

Écrivez une équation pour résoudre les problèmes sur cette page.

3. Il y a 32 enfants dans la classe. 13 d'entre eux portent des lunettes.

a) Combien de élèves ne portent pas de lunettes?

b) Combien de élèves de plus y a-t-il qui ne portent pas de lunettes que d'élèves qui en portent?

4. Rani a acheté 8 cartes de hockey et 10 de baseball. Elle a donné 3 cartes.

a) Combien de cartes a-t-elle achetées au total?

b) Combien de cartes lui reste-t-il?

5. Neka a trois ans de plus que Megan. Megan a 9 ans. Quel âge a Neka?

6. Anton a acheté un bouquin de science-fiction pour 11 $ et un de graphique pour 7 $.

a) Combien plus cher coûte le bouquin de science-fiction comparé au bouquin graphique?

b) Combien les bouquins lui ont-ils coûtés au total?

7. Nina a regardé la TV pour 60 minutes. Elle a passé 20 minutes de moins à faire ses devoirs que de regarder la TV. Combien de temps a-t-elle passé à faire ses devoirs?

8. Une passe de récréation coûte 23 $. Elle coûte 8 $ de plus qu'une passe pour le cinéma. Combien coûte le billet de cinéma?

9. La Tour Willis a Chicago, É.-U. mesure 442 m de haut. La Tour du CN à Toronto mesure 553 m de haut. Combien la Tour du CN mesure-t-elle de plus que la Tour Willis?

Tour Willis   Tour du CN

RA5-14 Modèles et « multiplier par autant de fois »

1. Dessinez un diagramme pour modéliser l'histoire.

   a) Sally a 7 autocollants. Jake a 3 fois
      autant d'autocollants que ceux de Sally.

   Autocollants de Sally ____ | 7 |

   Autocollants de Jake ____ | 7 | 7 | 7 |

   b) Il y a 5 billes bleues. Il y a 4 fois autant
      de billes rouges.

   _____

   c) Il y a 12 pommes rouges. Il y a 4 fois
      de pommes vertes que de rouges.

   _____

   _____

   b) Yu a 4 autocollants. Nora a 5 fois autant
      autant d'autocollants.

   _____

   _____

2. Résolvez le problème en dessinant un modèle.

   a) Jin a 5 autocollants. Rob en a 3 fois autant
      d'autocollants que Jin. Combien d'autocollant
      sont-ils ensemble?

   Autocollants de Jin : 5 ____ | 5 |

   Autocollants de Rob : 15 ____ | 5 | 5 | 5 |

   5 + 15 = 20, donc Jin et Rob ont ____

   20 autocollants au total.

   b) Randi étudie les rats et les hamsters. Elle a
      autant 7 rats et deux fois autant d'hamsters.
      Combien en ont-ils d'animaux a-t-elle au total?

   _____

   _____

   _____

   _____

   c) Il y a 12 biscuits aux pépites de chocolat
      dans une boîte. Il y a 6 fois autant de
      biscuits à l'avoine dans la boîte.
      Combien de biscuits y a-t-il au total?

   d) Il y a 17 livres de mathématiques à la
      bibliothèque de l'école. Il y a 4 fois autant
      de livres de sciences dans la bibliothèque.
      Combien de livres de mathématiques livres
      de sciences sont à la bibliothèque au total?

3. Dessinez un modèle pour la histoire. Puis écrivez le nombre donné à côté de la barre adéquate.

   a) Il y a 24 mangues. Il y a 4 fois
      autant de mangues que d'avocats.

   Mangues : 24 ____ | | | | |

   Avocats : ____ | |

   b) Il y a 30 séniors dans l'audience.
      Il y a 6 fois autant de séniors que d'enfants.

   _____

   _____

   c) Matt a dépensé 24 $ sur des souliers
      et deux fois autant sur des pantalons.

   _____

   _____

   d) Abella a étudié ses maths pour 30 minutes
      et ses sciences pour 3 fois autant en minutes.

   _____

   _____

4. Tous les blocs sont de la même dimension. Quelle dimension sont chaque bloc?

a)

7	7	7	7

7	21

b)

	32

c)

| | total : 36

d)

| | | total : 48

5. Dessinez le modèle. Trouvez la longueur de un des blocs dans le modèle. Puis résolvez le problème.

a) Jay a 3 fois autant de cartes que Sam. Jay a 12 cartes de plus que Sam. Combien combien de cartes possèdent chaque personne?

___Cartes de Jay___

6	6	6

___Cartes de Sam___

6	12

Jay a __18__ cartes

et Sam a __6__ cartes.

b) Vicky est 4 fois plus vieille qu'Ella. Vickey est 15 ans est-elle plus vieille qu'Ella? Quels âges ont Vicky et Ella?

_____

_____

Vicky a ____ ans.

et Ella a ____ ans.

BONUS ▶

Une recette de crêpes requière 2 cuillères à soupe de beurre et 3 fois autant de cuillères à soupe de sucre par fournées. Anna veut faire 24 fournées. Combien de cuillères à table de sucre et de beurre aura-t-elle besoin?

c) Il y a 6 fois autant de ballons de fête que de banderoles pour décorer une maison. Il y a 42 décorations en tout et partout. Combien de ballons et combien de banderoles y a-t-il?

Il y a ____ ballons de fête

et ____ banderoles.

Anna a besoin de ____ cuillères à table de beurre et

____ cuillères à table de sucre.

6. Une paire de souliers coûte deux fois autant qu'un porte-feuille. Glen a payé 51 $ pour une paire de souliers et un porte-feuille. Combien coûte chaque article?

_____

_____

BONUS ▶ Combien Glen payerait-il pour deux paires de souliers et trois porte-feuilles?

Lorsque la partie plus large est 3 fois la dimension de partie plus petite, nous disons que **le facteur à l'échelle** est 3.

Vous pouvez trouver une partie provenant d'une autre partie en utilisant le facteur à l'échelle.

Partie plus petite

Partie large

partie large = partie petite × facteur à l'échelle

partie petite = partie large ÷ facteur à l'échelle

1. Encerclez la partie la plus large et soulignez la partie la plus petite dans le problème. Puis remplissez les champs vides pour l'équation où l'inconnu est par lui-même et biffez l'autre équation.

   a) Il y a 21 chats et *m* chiens. Il y a trois fois autant de (chiens) que de chats.

m	=	21	×	3	ou	~~partie plus petite~~ ~~=~~ ~~partie plus large~~ ~~÷~~ ~~facteur à l'échelle~~	

   partie plus large   partie plus petite   facteur à l'échelle

   b) Il y a *m* chats et 6 chiens. Il y a trois fois autant de chiens que de chats.

   _____ = _____ × _____ ou _____ = _____ ÷ _____

   partie plus large   partie plus petite   facteur à l'échelle   partie plus petite   partie plus large   facteur à l'échelle

   c) Il y a 12 voitures dans le stationnement. Il y deux fois autant de voitures que de mini−fourgonnettes dans le stationnement.

   _____ = _____ × _____ ou _____ = _____ ÷ _____

   partie plus large   partie plus petite   facteur à l'échelle   partie plus petite   partie plus large   facteur à l'échelle

2. Remplissez le tableau. Écrivez *n* pour le nombre qui vous n'est pas donné.
   Indice : Encerclez la partie la plus large et soulignez la partie la plus petite.

	Problème	Parties	Combien?	Équation
a)	Il y a 20 pommes vertes dans la boîte. Il y a 4 fois autant (de pommes vertes) que de pommes rouges.	pommes vertes	20	$20 \div 4 = n$
		pommes rouges	*n*	
b)	Il y a 16 mangues. Il y a deux fois autant de mangues que de kiwis.			
c)	Il y a 6 chats dans le refuge. Il y a trois fois autant de chiens que de chats dans le refuge.			

3. Complétez le tableau.

	Nombre total de choses	Nombre d'ensembles	Nombre dans chaque ensemble	Équation de multiplication ou division
a)	*p*	5	2	$5 \times 2 = p$
b)	12	4	*p*	$12 \div 4 = p$
c)	14	*p*	7	
d)	*p*	2	11	

4. Remplissez le tableau. Écrivez x pour montrer que vous ne le savez pas. Puis écrivez
   une multiplication ou une division dans la dernière colonne et résolvez l'équation.

		Nombre total de choses	Nombre d'ensembles	Nombre dans chaque ensemble	Équation de multiplication ou division
a)	24 personnes 4 mini-fourgonnettes	24	4	X	$24 \div 4 = x$ __6__ personnes dans chaque mini-fourgonnette
b)	8 ballons dans chaque sac 5 sacs				_____ _____ ballons
c)	35 élèves 7 équipes				_____ _____ élèves dans chaque équipe
d)	Il y a environ 9 livres sur chaque étagère 6 étagères				_____ _____ livres
e)	6 boîtes de jus dans chaque emballage 48 boîtes à jus				_____ _____ emballages de jus

5. Un magasin a vendu 6 rats et deux fois autant d'hamsters.

   a) Combien d'hamsters le magasin a-t-il vendus?

   b) Combien de rats et d'hamsters ont été vendu au total.

   c) Combien d'hamsters de plus que de rats ont été vendus?

6. Emma est 5 fois aussi vielle que Eddy. Emma a 35 ans.

   a) Quel âge a Eddy?

   b) Combien plus vieille que Eddy est Emma?

7. Une femelle baudroie est 5 fois aussi large qu'un baudroie mâle.
   La femelle peut mesurer 100 cm de long.

   a) Combien long est le baudroie mâle?

   b) Combien plus long que le mâle est la femelle baudroie?

RA5-16 Plus de problèmes et d'équations

1. a) Il y a 12 billes bleues. Il y a 3 fois autant de billes bleues que de rouges.
Il y a 7 fois moins de billes jaunes que de bleues.

Combien de billes rouges y a-t-il au total? _____   Combien de billes jaunes y a-t-il au total? _____

b) Ronin est 3 fois aussi vieux que Liz. Karen a quatre ans de plus vielle que Liz. Liz a 6 ans.

Quel âge a Ronin? _____   Quel âge a Karen? _____

2. Zara a deux ans de plus que Tristan. Tristan a 10 ans. Tristan est 7 ans de plus vieux que Carl. Quels âges ont Zara et Carl?

Zara a _____ ans et Carl a _____ ans.

3. Ansel a acheté six livres sur le sujet des animaux et deux livres sur les reptiles.
Chaque livre coûte 12 $.

a) Combien de livres Ansel a-t-il achetés au total? _____

b) Combien les livres lui ont-ils coûtés au total? _____

4. Aputik a acheté 7 livres et 10 magazines. (Voir les prix dans l'image).

a) Combien Aputik a-t-il dépensé sur des livres? _____

b) Combien Aputik a-t-il dépensé sur des magazines? _____

c) Combien Aputik a-t-il dépensé en tout et partout? _____

Vente!
12$ 15$
Livres   Magazines

5. Quelle question devez-vous poser et répondre avant de résoudre le problème?

a) Mary a deux fois autant de cartes de hockey que Ren. Mary a 10 fois plus de cartes de hockey que David. David a 16 cartes de hockey. Combien de cartes Ren a-t-il?

Combien de cartes Mary a-t-elle? _____

b) Ben est deux fois plus vieux que Lela. Lela est trois ans plus vieille que John.
John a cinq ans. Quel âge a Ben?

_____

c) Ryder a 53 $. Il a dépensé 15 $ sur un chapeau, 8 $ sur un foulard et 12 $ sur une paire de mitaines. Combien d'argent reste-t-il a Ryder?

_____

6. Tina gagne 15 $ de l'heure. Elle travaille 3 heures le vendredi, 2 heures le samedi et 2 heures le dimanche. Combien d'argent Tina s'est-elle fait durant ces trois jours?

7. Ava a utilisé 3 fois autant de billes bleues que de rouges pour faire un bracelet. Elle a utilisé 12 billes bleues de plus que de jaunes. Elle a utilisé 3 billes jaunes.

   a) Combien de billes de chaque couleur Ava a-t-elle utilisées?

   b) Combien de billes a-t-elle utilisées au total?

8. Les outardes blanches peuvent voler 160 km en 2 heures. Peuvent-elles voler pour longtemps.

   a) Certaines outardes blanches ont volé 18 heures, se sont reposées puis sont reparties pour voler un autre 20 heures. Combien de temps ont-elles voyager? Quelle distance ont-elles parcourue?

   b) Les outardes blanches doivent voler environ 3 200 km de la Colombie Britannique au Canada jusqu'au Texas, aux États-Unis. Combien de temps de vol les outardes ont-elles besoin?

9. Un narval est une baleine de l'Arctique. Le mâle adulte a une dent très longue. Un narval adulte mesure environ 5 m de long du nez jusqu'à la queue et sa dent mesure 3 m de long. Utilisez le diagramme pour déterminer la longeur d'un bébé narval.

narval adulte mâle

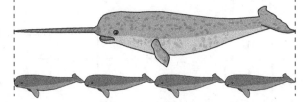

bébé narval

10. Une efface mesure 5 cm de long. Un crayon mesure 15 cm de long. Écrivez votre réponse dans une phrase complète.

   a) Combien de fois la longueur de l'efface est-elle de celle du crayon?

   b) Combien de centimètres plus long est le crayon par rapport à l'efface?

11. Un éléphant pèse 4 000 kg et mesure 4 m de haut. L'éléphant est-il 1 000 fois plus lourd que sa hauteur? Expliquez.

12. Il y en a 5 personnes à une fête de pizza. Ils ont commandé 2 pizzas. Chaque pizza est coupée en 8 pointes. Chaque personne mangent le même nombre de pointes. Combien de pointes chaque personne aura-elle?

13. Il y a 52 avocats dans une caisse. Treize sont pourris. Zack emballage le reste soient 5 avocats par sac. Combien de sacs complets peut-il remplir?

14. Il y a 24 élèves dans une classe et 23 élèves dans une autre classe qui s'en vont en voyage scolaire. 4 élèves peuvent rentrer dans une voiture. Combien de voitures seront nécessaires pour transporter tous les élèves?

La tarte entière est coupée en 4 parts égales.

3 parts sur 4 sont nuancées.

$\frac{3}{4}$ de toute la tarte est nuancé(e).

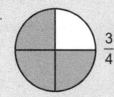

$\frac{3}{4}$

Le **numérateur** (3) vous dit combien de parties sont nuancées.

Le **dénominateur** (4) vous dit combien de parties égales sont dans un entier.

1. Nommer la fraction.

a) $\frac{3}{8}$

b)

c)

d)

e)

f)

g)

h)

2. Nuancez la fraction donnée.

a) $\frac{4}{6}$

b) $\frac{2}{5}$

c) $\frac{7}{20}$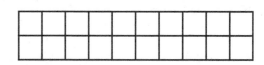

3. Utilisez un des mots suivants pour décrire les parties du modèle.

moitiés   tiers   quatrièmes   cinquièmes   sixièmes   septièmes   huitièmes   neuvièmes

a)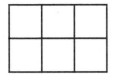

sixièmes

b)

_____

c)

_____

d)

_____

e)

_____

f)

_____

4. Esquissez un cercle coupé dans...

a) troisièmes.

b) quarts (ou quatrièmes).

c) huitièmes.

5. Utilisez une règle à centimètres pour diviser la ligne en parts égales. Le premier parti pour vous.

a) 5 parties égales

b) 8 parties égales

_____

c) 6 parties égales

_____

6. En utilisant une règle, joignez les marques pour diviser la boîte en parties égales.

a) 4 parties égales

b) 5 parties égales

7. Marquez la boîte en centimètres. Puis divisez la boîte en parties égales.

a) 3 parties égales

b) 6 parties égales

8. En utilisant une règle, trouvez la fraction de la boîte qui est nuancée.

a)

est nuancé.

b)

est nuancé.

9. En utilisant une règle, complétez la figure pour faire un entier.

a) $\dfrac{1}{2}$

b) $\dfrac{2}{3}$

10. Vous avez $\dfrac{3}{8}$ d'une tarte entière.

a) Que vous dit le bas de la fraction (dénominateur)?

_____

b) Que vous dit le haut de la fraction (numérateur)?

_____

11. Expliquez pourquoi l'image montre (ou ne montre pas) $\dfrac{1}{4}$.

a)

b)

c)

BONUS ▶

LN5-35 Nommer les fractions : Ensembles

Les fractions peuvent nommer ou décrire les parties d'un ensemble. Exemple :

$\frac{3}{5}$ des formes sont des triangles, $\frac{1}{5}$ sont des carrés, $\frac{1}{5}$ sont des cercles.

1. Complétez la phrase.

   a) $\frac{4}{7}$ des formes sont _____.

   b) $\frac{2}{7}$ des formes sont _____.

   c) $\frac{1}{7}$ des formes sont _____.

   d) $\frac{3}{7}$ des formes sont _____.

2. Complétez la phrase.

   a)

   [ ] des formes sont des carrés.

   [ ] des formes sont nuancées.

   b)

   [ ] des formes sont des triangles.

   [ ] des formes ne sont pas nuancées.

3. Décrivez l'image de deux différentes façons à l'aide d'une fraction $\frac{3}{5}$.

   _____

   _____

4. Une équipe de football gagne 6 parties et en perd 3.

   a) Combien de parties l'équipe a-t-elle jouées? _____

   b) Quelle fraction des parties l'équipe a-t-elle gagnées? [ ]

   c) Quelle fraction des parties l'équipe a-t-elle perdues? [ ]

   d) L'équipe a-t-elle gagné plus que la moitié de ses parties? _____

5. Répondez à la question à l'aide des renseignements dans le tableau.

	Ont des frères et sœurs	N'ont pas des frères et sœurs
Classe A	2	3
Classe B	1	2

a) Quelle fraction des élèves dans chaque classe ont des frères et sœurs?

Classe A ☐   Classe B ☐

b) Quelle fraction de tous les élèves ont des frères et sœurs? ☐

6. Quelle fraction des lettres dans le mot « Manitoba » sont...

a) des voyelles? ☐

b) des consonnes? ☐

7. Exprimez 6 jours comme une fraction d'une semaine. ☐

8.

a) ☐ des formes sont des cercles.

b) ☐ des formes sont des triangles.

c) ☐ des formes sont lignées.

d) ☐ des formes sont blancs(ches).

9. Écrivez deux autres énoncés de fraction pour les figures à la Question 8.

☐ des formes sont _____.

☐ des formes sont _____.

10. Dessinez des formes nuancées et non nuancées puis répondez à la question.

a) Il y a 7 cercles et carrés.

$\frac{4}{7}$ des formes sont des carrés.

$\frac{5}{7}$ des formes sont nuancées.

3 cercles sont nuancés.

Combien de carrés sont nuancés?

b) Il y a 8 triangles et carrés.

$\frac{3}{8}$ des formes sont nuancées.

$\frac{4}{8}$ des formes sont des triangles.

1 triangle est nuancé.

Combien de carrés ne sont pas nuancés?

LN5-36 Comparer les fractions (introduction)

1. Quelle ligne est plus nuancée? Encerclez sa fraction.

a) 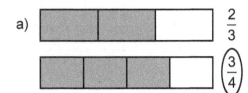 $\frac{2}{3}$

$\left(\frac{3}{4}\right)$

b) 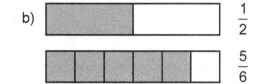 $\frac{1}{2}$

$\frac{5}{6}$

c) 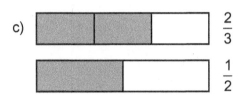 $\frac{2}{3}$

$\frac{1}{2}$

d)  $\frac{1}{4}$

$\frac{3}{8}$

e)  $\frac{7}{12}$

$\frac{1}{2}$

f) 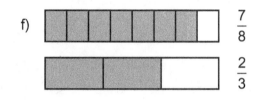 $\frac{7}{8}$

$\frac{2}{3}$

Le morceau étant le plus nuancé représente la fraction la plus grande. $\frac{1}{3}$ a plus de nuance que $\frac{1}{2}$.

Donc $\frac{1}{2}$ est **plus grand que** $\frac{1}{3}$.

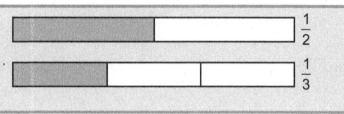 $\frac{1}{2}$

$\frac{1}{3}$

2. Nuancez les montants données par les fractions. Puis encerclez la plus grande fraction.

a)  $\frac{2}{3}$

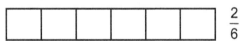 $\frac{2}{6}$

b) 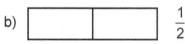 $\frac{1}{2}$

 $\frac{1}{8}$

c) 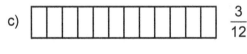 $\frac{3}{12}$

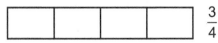 $\frac{3}{4}$

d) 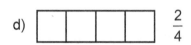 $\frac{2}{4}$

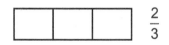 $\frac{2}{3}$

e) 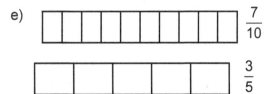 $\frac{7}{10}$

$\frac{3}{5}$

f) 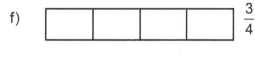 $\frac{3}{4}$

 $\frac{9}{20}$

3. Nuancez les montants données par les fractions. Puis encerclez la plus grande fraction.
   Écrivez > ou < entre les fractions.

a) 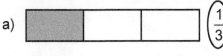 $\left(\dfrac{1}{3}\right)$

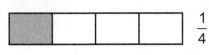 $\dfrac{1}{4}$

$\dfrac{1}{3}\ \boxed{>}\ \dfrac{1}{4}$

b) 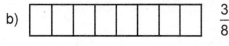 $\dfrac{3}{8}$

$\dfrac{1}{2}$

$\dfrac{3}{8}\ \boxed{}\ \dfrac{1}{2}$

c) 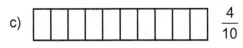 $\dfrac{4}{10}$

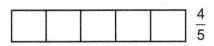 $\dfrac{4}{5}$

$\dfrac{4}{10}\ \boxed{}\ \dfrac{4}{5}$

d) 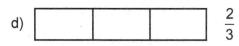 $\dfrac{2}{3}$

$\dfrac{3}{6}$

$\dfrac{2}{3}\ \boxed{}\ \dfrac{3}{6}$

e)  $\dfrac{7}{12}$

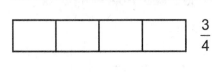 $\dfrac{3}{4}$

$\dfrac{7}{12}\ \boxed{}\ \dfrac{3}{4}$

f) 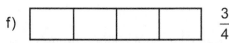 $\dfrac{3}{4}$

$\dfrac{16}{20}$

$\dfrac{3}{4}\ \boxed{}\ \dfrac{16}{20}$

BONUS ▶ Nuancez les morceaux pour montrer que Jin a mangé $\dfrac{2}{3}$ de son morceau de fruit, Simon a mangé $\dfrac{9}{12}$ de son morceau de fruit et Alexa a mangé $\dfrac{14}{24}$ de son morceau de fruit. Qui a mangé la plus grande quantité de morceaux de fruit? Ordonnez les fractions de la plus grande à la plus petite dans les champs vides ci-bas.

Jin :

Simon :

Alexa :

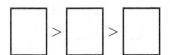

1. Écrivez une échelle ci-dessous la droite numérique. Utilisez-la pour trouver quelle fraction est la droite numérique de 0 à 1 est nuancée.

a)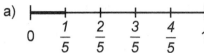

$\dfrac{1}{5}$ est nuancé.

Donc [ ] est nuancé.

b)

[ ] est nuancé.

Donc [ ] est nuancé.

Vous pouvez utiliser les droites numériques pour comparer et ordonner les fractions.

$\dfrac{3}{4}$ est plus grand que $\dfrac{2}{4}$ car il est plus loin à droite : $\dfrac{3}{4} > \dfrac{2}{4}$.

---

2. Trouvez quelle fraction pour chaque droite numérique de 0 à 1 est nuancée. Puis comparez les fractions dans les champs vides ci-bas.

a)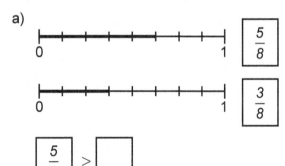

$\dfrac{5}{8}$

$\dfrac{3}{8}$

$\dfrac{5}{8}$ > [ ]

b)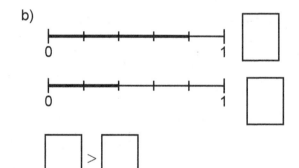

[ ]

[ ]

[ ] > [ ]

---

3. Utilisez la droite numérique pour ordonner les fractions de la plus petite à la plus grande. Dessinez un ✕ pour marquer la position de chaque fraction.

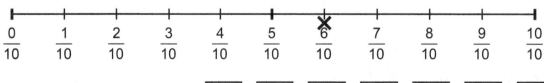

$\dfrac{6}{10}$ $\dfrac{3}{10}$ $\dfrac{8}{10}$ $\dfrac{4}{10}$ $\dfrac{1}{10}$ $\dfrac{9}{10}$ $\dfrac{7}{10}$

[ ] < [ ] < [ ] < [ ] < [ ] < [ ] < [ ]

---

4. $\frac{3}{4}$ du haut du morceau est nuancé et $\frac{2}{3}$ le bas du morceau est nuancé. Les deux longueurs

sont marquées sur la même droite numérique.

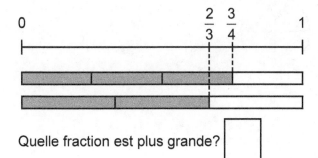

Quelle fraction est plus grande? ▢

5. Utilisez les fractions marquées sur la droite numérique pour répondre à la question.

a) Écrivez < (moins que) ou > (plus que).

   i) $\frac{1}{8}$ ▢ $\frac{1}{2}$ ii) $\frac{3}{4}$ ▢ $\frac{1}{3}$ iii) $\frac{5}{6}$ ▢ $\frac{3}{4}$

b) Encerclez ces fractions sur la droite numérique ci-haut. Puis écrivez-les de la plus grande
   à la plus petite.

   $\frac{1}{2}, \frac{5}{6}, \frac{1}{3}$ ▢ > ▢ > ▢

c) Vous pouvez voir de cette droite numérique que $\frac{1}{8}$ est moins que $\frac{1}{3}$, ce qui est moins que $\frac{1}{2}$.

   Expliquez pourquoi la fraction ayant le dénominateur le plus grand est la plus petite
   des trois fractions. Expliquez pourquoi la fraction ayant le dénominateur le plus petit
   est la plus grande des trois fractions.

Deux fractions qui marquent la même position sur une droite numérique de 0 à 1 représentent le même montant.

---

6. Utilisez les droites numériques pour trouver le nombre manquant.

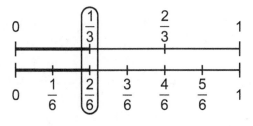   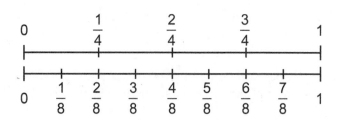

a) $\frac{1}{3} = \frac{2}{6}$ b) $\frac{2}{3} = \frac{}{6}$ c) $\frac{1}{4} = \frac{}{8}$ d) $\frac{3}{4} = \frac{}{8}$

LN5-38 Comparer et ordonner des fractions

1. a) Écrivez les numérateurs des fractions nuancées.

$$\frac{}{4}$$ $$\frac{}{4}$$ $$\frac{}{4}$$

b) Regardez les images et les fractions dans la parties a) de gauche à droite.
Écrivez « augmente », « diminue » ou « reste pareil ».

i) Le numérateur _____.

ii) Le dénominateur _____.

iii) La fraction nuancée _____.

Comparaison des fractions lorsque...

the numérateur change et **le dénominateur reste le même**

$$\frac{1}{5}$$

moins de parties nuancées →

plus de parties nuancées →

même nombre et dimension des parties

$$\frac{2}{5}$$

Donc $\frac{2}{5} > \frac{1}{5}$ car plus de parties sont nuancées.

---

2. Encerclez la plus grande fraction.

a) $\frac{3}{5}$ ou $\frac{4}{5}$

b) $\frac{3}{4}$ ou $\frac{1}{4}$

c) $\frac{4}{12}$ ou $\frac{9}{12}$

d) $\frac{3}{3}$ ou $\frac{1}{3}$

3. Écrivez n'importe quel nombre dans le champ vide qui rend la relation correcte.

a) $\frac{3}{7} > \frac{1}{7}$

b) $\frac{}{29} < \frac{21}{29}$

c) $\frac{61}{385} > \frac{}{385}$

BONUS ▶ $\frac{}{1\,000} < \frac{2}{1\,000}$

4. Deux fractions ont le même dénominateur mais des numérateurs différents.
Comment pouvez-vous savoir quelle fraction est la plus grande?

_____

_____

5. Ordonnez les fractions des plus petites aux plus grandes en considérant les numérateurs et les dénominateurs.

a) $\dfrac{3}{5}$ $\dfrac{0}{5}$ $\dfrac{2}{5}$ $\dfrac{5}{5}$ $\dfrac{1}{5}$

☐ < ☐ < ☐ < ☐ < ☐

b) $\dfrac{6}{10}$ $\dfrac{1}{10}$ $\dfrac{4}{10}$ $\dfrac{2}{10}$ $\dfrac{9}{10}$

☐ < ☐ < ☐ < ☐ < ☐

6. a) Quelle fraction d'un litre est dans le contenant?

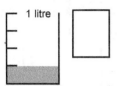 ☐   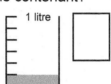 ☐   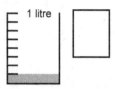 ☐

b) Quelle fraction dans la partie a) est...

i) la plus petite? ☐   ii) la plus grande? ☐   iii) dans le milieu? ☐

c) Écrivez « plus petite » ou « plus grande ». Lorsque le dénominateur augmente, chaque partie a _____ .

Comparaison des fractions lorsque...

le numérateur reste pareil et **le dénominateur change**

$\dfrac{1}{5}$

même nombre de parties nuancées ← parties plus petites

← parties plus grandes

$\dfrac{1}{3}$

Donc $\dfrac{1}{5} < \dfrac{1}{3}$ car les parties sont plus petites dans les formes avec plus de parties.

---

7. Encerclez la plus grande fraction.

a) $\dfrac{4}{5}$ ou $\dfrac{4}{8}$ b) $\dfrac{3}{4}$ ou $\dfrac{3}{5}$ c) $\dfrac{9}{15}$ ou $\dfrac{9}{100}$ d) $\dfrac{3}{4}$ ou $\dfrac{3}{3}$

8. Deux fractions ont le même numérateur mais des dénominateurs différents. Comment pouvez-vous dire quelle fraction est la plus grande?

_____

_____

9. a) Ordonnez les fractions de la plus petite à la plus grande en coordonnant chaque fraction avec la bande qu'elle représente et puis nuancez-la.

i) $\dfrac{1}{4}$ $\dfrac{1}{10}$ $\dfrac{1}{2}$ $\dfrac{1}{5}$ $\dfrac{1}{3}$

ii) $\dfrac{2}{2}$ $\dfrac{2}{4}$ $\dfrac{2}{10}$ $\dfrac{2}{3}$ $\dfrac{2}{5}$

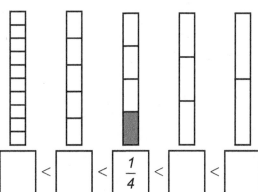

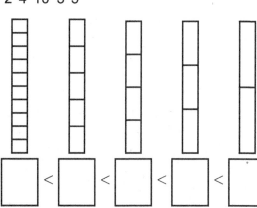

b) Ordonnez les fractions de la plus petite à la plus grande en considérant les numérateurs et les dénominateurs.

i) $\dfrac{1}{4}$ $\dfrac{1}{10}$ $\dfrac{1}{2}$ $\dfrac{1}{5}$ $\dfrac{1}{3}$

ii) $\dfrac{2}{2}$ $\dfrac{2}{4}$ $\dfrac{2}{10}$ $\dfrac{2}{3}$ $\dfrac{2}{5}$

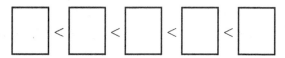

c) Vos réponses pour les parties a) et b) sont-elles pareilles? Expliquez.

_____

_____

10. Randi dit que $\dfrac{1}{4}$ d'une tarte est moins que $\dfrac{1}{6}$ d'une tarte. A-t-elle raison? Expliquez.

_____

_____

11. Ray, Hanna et Lynn ont chacun apporté 1 tarte à l'école. Aucune de ces tartes n'est de la même grosseur. L'enseignant coupe chaque tarte en 9 parties égales afin que chacun dans la classe puisse en avoir un morceau. Ray dit « Cela n'est aucune équitable ! » et Lynn dit « C'est tout à fait équitable ! »

a) Pourquoi Ray dit-il que ce n'est pas équitable?

_____

_____

b) Pourquoi Lynn pense-t-elle que c'est équitable?

_____

_____

LN5-39 Fractions équivalentes

1. Combien de fois y a-t-il les mêmes parties?

a)  a _____ fois autant de parties que .

b) a _____ fois autant de parties que .

c) a _____ fois autant de parties que .

d)  a _____ fois autant de parties que .

2. Remplissez les champs vierges.

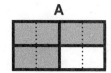

a) A a _____ fois autant de parties que B.

A a _____ fois autant que de parties nuancées comme B.

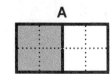 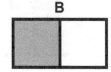

b) A a _____ fois autant de parties que B.

A a _____ fois autant que de parties nuancées comme B.

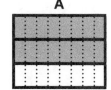 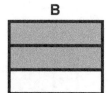

c) A a _____ fois autant que de parties que B.

A a _____ fois autant que de parties nuancées comme B.

d) A a _____ fois autant que de parties que B.

A a _____ fois autant que de parties nuancées comme B.

> **Fractions équivalentes** sont des fractions qui ont la même valeur ou représentent la même quantité.

3. L'image montre deux fractions équivalentes. Utilisez l'image pour remplir les champs vides.

a)

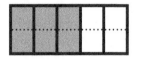 $\dfrac{3}{5}$ et $\dfrac{6}{10}$

6 est __2__ fois de plus que 3.

10 est _____ fois de plus que 5.

b)

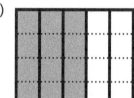 $\dfrac{4}{5}$ et $\dfrac{12}{15}$

12 est _____ fois de plus que 4.

15 est _____ fois de plus que 5.

c)

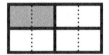 $\dfrac{1}{4}$ et $\dfrac{2}{8}$

2 est _____ fois de plus que 1.

8 est _____ fois de plus que 4.

d)

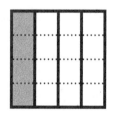 $\dfrac{3}{5}$ et $\dfrac{12}{20}$

12 est _____ fois de plus que 3.

20 est _____ fois de plus que 5.

4. Écrivez une fraction équivalente pour l'image. Puis écrivez combien de fois autant que, le nouveau numérateur et le dénominateur le sont.

a)

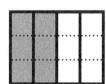 $\dfrac{2}{4} = \boxed{\dfrac{6}{12}}$

__3__ fois autant

b)

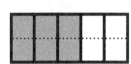 $\dfrac{1}{4} = \boxed{}$

_____ fois autant

c)

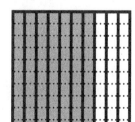 $\dfrac{3}{5} = \boxed{}$

_____ fois autant que

BONUS ▶

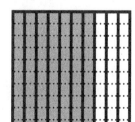 $\dfrac{7}{10} = \boxed{}$

_____ fois autant que

Pour obtenir une fraction équivalente, multipliez le numérateur **et** le dénominateur par le même nombre.

Exemple : Image A Image B

$$\frac{3}{4} \xrightarrow[\times 2]{\times 2} \frac{6}{8}$$

Image B a autant de **parties** que l'image A.
L'image B a deux fois plus de **parties nuancées** que l'image A.

5. Dessinez les lignes pour couper la tarte en entier en parts égales. Remplissez les numérateurs des fractions équivalentes.

a)

4 morceaux   6 morceaux   8 morceaux

$$\frac{1}{2} = \frac{}{4} = \frac{}{6} = \frac{}{8}$$

b)

6 morceaux   9 morceaux   12 morceaux

$$\frac{1}{3} = \frac{}{6} = \frac{}{9} = \frac{}{12}$$

6. Dessinez les lignes pour couper la tarte entière en plus petits morceaux. Puis remplissez les nombres manquants.

a) $\frac{2}{3} \xrightarrow[\times 2]{\times 2} \frac{}{6}$

b) $\frac{3}{4} \xrightarrow[\times]{\times} \frac{}{8}$

c) $\frac{2}{3} \xrightarrow[\times]{\times} \frac{}{9}$

Ce nombre vous dit en combien de pièces vous devez couper chaque pointe.

7. Utilisez la multiplication pour trouver la fraction équivalente.

a) $\frac{1 \times 2}{5 \times 2} = \frac{}{10}$

b) $\frac{1 \times}{2 \times} = \frac{}{10}$

c) $\frac{2}{5} = \frac{}{10}$

d) $\frac{3}{4} = \frac{}{8}$

e) $\frac{1}{4} = \frac{}{12}$

f) $\frac{4}{5} = \frac{}{15}$

g) $\frac{5}{6} = \frac{}{12}$

h) $\frac{8}{10} = \frac{}{100}$

i) $\frac{5}{9} = \frac{}{72}$

8. Écrivez cinq fractions équivalentes à $\frac{2}{5}$.

$$\frac{2}{5} = \boxed{} = \boxed{} = \boxed{} = \boxed{} = \boxed{}$$

1. Dessinez les lignes pour couper la tarte en entier en parts égales. Remplissez les numérateurs des fractions équivalentes.

a)

$$\frac{2}{3} = \frac{}{6} = \frac{}{9} = \frac{}{12} = \frac{}{15}$$

b)

$$\frac{3}{5} = \frac{}{10} = \frac{}{15} = \frac{}{20} = \frac{}{25}$$

2. a) Écrivez deux fractions avec le même dénominateur. Indice : Utilisez vos réponses à la Question 1.

$$\frac{2}{3} = \boxed{} \text{ et } \frac{3}{5} = \boxed{}$$

b) Quelle des deux fractions est la plus grande, $\frac{2}{3}$ ou $\frac{3}{5}$? $\boxed{}$

Comment le savez-vous? _____

_____

3. Réécrivez les fractions afin qu'elles aient le même dénominateurs. Puis encerclez la fraction la plus grande.

a) $\frac{1}{3} = \frac{}{15}$ et $\frac{2}{5} = \frac{}{15}$

b) $\frac{3}{8} = \frac{}{24}$ et $\frac{1}{3} = \frac{}{24}$

4. a) Écrivez la fraction équivalente avec le dénominateur 24.

i) $\frac{2}{3} = \frac{}{24}$

ii) $\frac{5}{6} = \frac{}{24}$

iii) $\frac{3}{4} = \frac{}{24}$

iv) $\frac{1}{2} = \frac{}{24}$

b) Écrivez les fractions de la partie a) en ordre de la plus petite a la plus grande.

$\boxed{} < \boxed{} < \boxed{} < \boxed{}$

5. Dessinez les lignes pour couper la tarte de gauche en un même nombre de parties égales que celle de droite. Complétez la fraction équivalente. Puis encerclez la plus grande fraction.

a)

$$\frac{1}{2} = \frac{}{4} \qquad \frac{1}{4}$$

b)

$$\frac{2}{3} = \frac{}{6} \qquad \frac{5}{6}$$

6. Tournez la fraction sur la gauche en fraction équivalente avec le même dénominateur que la fraction à droite. Puis écrivez < (moins que) ou > (plus que) pour montrer quelle fraction est la plus grande.

a) $\dfrac{1}{2}\substack{\times\,3\\ \times\,3} = \dfrac{3}{6}$ ☐ $\dfrac{4}{6}$

b) $\dfrac{3}{4}\substack{\times\\ \times} = \dfrac{}{8}$ ☐ $\dfrac{5}{8}$

c) $\dfrac{1}{2} = \dfrac{}{}$ ☐ $\dfrac{3}{4}$

d) $\dfrac{1}{3} = \dfrac{}{}$ ☐ $\dfrac{2}{9}$

e) $\dfrac{3}{5} = \dfrac{}{}$ ☐ $\dfrac{7}{10}$

BONUS ▶ $\dfrac{2}{5} = \dfrac{}{}$ ☐ $\dfrac{17}{40}$

Pour comparer $\dfrac{1}{3}$ et $\dfrac{2}{5}$ vous pouvez les changer en fractions ayant le même dénominateur.

Multipliez le numérateur et le dénominateur pour chaque fraction par le dénominateur de l'autre fraction.

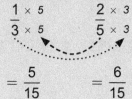

$$\dfrac{1 \times 5}{3 \times 5} \qquad \dfrac{2 \times 3}{5 \times 3}$$

$$= \dfrac{5}{15} \qquad = \dfrac{6}{15}$$

Maintenant les fractions seront plus faciles à comparer : $\dfrac{5}{15} < \dfrac{6}{15}$, donc $\dfrac{1}{3} < \dfrac{2}{5}$.

---

7. Tournez les fractions en fractions ayant le même dénominateur. Puis comparez les fractions. Montrez votre réponse à l'aide de < ou >.

a) $\dfrac{7 \times 3}{7 \times 4} \quad \dfrac{5 \times 4}{7 \times 4}$

b) $\dfrac{\times\,1}{\times\,2} \quad \dfrac{2 \times}{3 \times}$

c) $\dfrac{\times\,1}{\times\,2} \quad \dfrac{3 \times}{4 \times}$

d) $\dfrac{\times\,2}{\times\,3} \quad \dfrac{5 \times}{8 \times}$

$= \dfrac{}{28} \quad = \dfrac{}{28}$

$= \dfrac{}{} \quad = \dfrac{}{}$

$= \dfrac{}{} \quad = \dfrac{}{}$

$= \dfrac{}{} \quad = \dfrac{}{}$

donc $\dfrac{3}{4}$ ☐ $\dfrac{5}{7}$

donc $\dfrac{1}{2}$ ☐ $\dfrac{2}{3}$

donc $\dfrac{1}{2}$ ☐ $\dfrac{3}{4}$

donc $\dfrac{2}{3}$ ☐ $\dfrac{5}{8}$

8. Dessinez une image pour justifier votre réponse à la Question 7.c).

LN5-41 Nombres fractionnaires et fractions impropres (introduction)

Matt et ses amis ont mangé la quantité de la tarte montrée.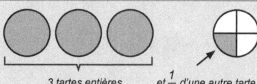

Ils ont mangé trois tartes et un quart en tout et partout (ou $3\frac{1}{4}$ tartes).

3 tartes entières   et $\frac{1}{4}$ d'une autre tarte

$3\frac{1}{4}$ est appelé un **nombre fractionnaire** car il est un *mélange* d'un nombre entier et d'une fraction.

1. Écrivez combien de tartes *entières* sont nuancées.

a)    b)   c)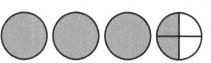

___2___ tartes entières   _____ tartes entières   _____ tartes entières

2. Écrivez un *nombre fractionnaire* pour l'image.

a) 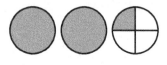   b)   c)

d)    e)

3. Nuancez la quantité de tarte donnée par le nombre fractionnaire. Il peut y avoir plus de tartes que ce dont vous avez besoin.

a) $2\frac{1}{2}$ b) $1\frac{1}{4}$

c) $2\frac{3}{4}$ d) $3\frac{1}{3}$

4. À la Question 5, vous devrez dessiner une image de $2\frac{1}{4}$ tartes.

a) Combien de tartes complètement nuancées y aura-t-il?

b) Combien de tartes partiellement nuancées y aura-t-il?

c) Combien de parties égales la tarte partiellement nuancée peut-elle être divisée? Expliquez.

d) Combien de parties égales seront nuancées?

5. Esquissez des tartes pour le nombre fractionnaire.

a) $2\frac{1}{4}$ tartes   b) $3\frac{3}{4}$ tartes   c) $2\frac{3}{6}$ tartes   d) $1\frac{6}{8}$ tartes

Jessica et ses amis ont mangé 5 quartiers de pizza.

En tout et partout ils ont mangé $\frac{5}{4}$ pizzas.

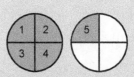

Lorsque le numérateur est plus grand que le dénominateur, la fraction représente *plus d'un* entier.

Ceux-ci sont appelés **fractions impropres**. Ils comportent des fractions qui représentent des entiers.

Exemple : $\frac{3}{3}$.

6. Décrire l'aire nuancée telle une fraction *impropre*.

a)

b)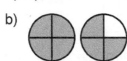

c)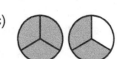

d)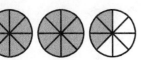

e)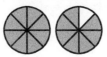

f)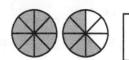

7. Nuancez une des pièces à la fois jusqu' ce que vous obteniez la fraction impropre donnée.

a) $\frac{5}{2}$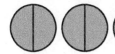

b) $\frac{11}{4}$

c) $\frac{11}{3}$

d) $\frac{12}{4}$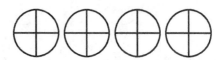

8. Esquissez les tartes pour la fraction impropre.

a) $\frac{4}{4}$ tartes

b) $\frac{5}{4}$ tartes

c) $\frac{6}{4}$ tartes

d) $\frac{7}{4}$ tartes

9. Écrivez un nombre fractionnaire et une fraction impropre pour la quantité nuancée.

a) $2\frac{1}{2}$ $\frac{5}{2}$

b)

c)

d)

10. Esquissez les tartes. Puis écrivez un nombre fractionnaire équivalent ou une fraction impropre.

a) $2\frac{1}{2}$ tartes

b) $\frac{9}{2}$ tartes

c) $\frac{10}{4}$ tartes

d) $3\frac{2}{3}$ tartes

LN5-42 Nombres fractionnaires et fractions impropres

Combien de moitiés se trouvent dans 3 tartes?

 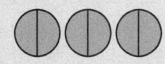

2 moitiés   3 × 2 moitiés = 6 moitiés

Donc, il y en a 6 moitiés dans 3 tartes.

Combien de quarts se trouvent dans 3 tartes?

 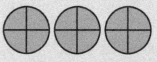

4 quarts   3 × 4 quarts = 12 quarts

Donc, il y en a 12 quarts dans 3 tartes.

1. Trouvez le nombre de demies, quarts ou tiers dans la quantité.

a) 1 tarte = _____ moitiés

b) 2 tartes = _____ moitiés

c) 3 tartes = _____ moitiés

d) 1 tarte = _____ quarts

e) 2 tartes = _____ quarts

f) 3 tartes = _____ quarts

g) 1 tarte = ___3___ tiers

h) 2 tartes = _____ tiers

i) 3 tartes = _____ tiers

Combien de moitiés sont dans $3\frac{1}{2}$ tartes? Écrivez la réponse comme une fraction impropre.

 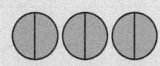 

2 moitiés   3 × 2 moitiés = 6 moitiés   6 moitiés × 1 moitié de plus = 7 moitiés

Donc, il y en a 7 moitiés dans $3\frac{1}{2}$ tartes. Donc $3\frac{1}{2} = \frac{7}{2}$.

2. Trouvez le nombre de moitiés, quarts ou tiers. Écrivez la réponse comme une fraction impropre.

a) $1\frac{1}{2}$ tarte = ___2___ moitiés + ___1___ demie = $\boxed{\dfrac{3}{2}}$

b) $2\frac{1}{2}$ tartes = ___4___ moitiés + ___1___ demie = $\boxed{\dfrac{5}{2}}$

c) $3\frac{1}{2}$ tartes = ____ demies + ____ demie = $\boxed{}$

d) $4\frac{1}{2}$ tartes = ____ demies + ____ demie = $\boxed{}$

e) $1\frac{1}{4}$ tartes = ____ quarts + ____ quart = $\boxed{}$

f) $1\frac{2}{4}$ tartes = ____ quarts + ____ quarts = $\boxed{}$

g) $1\frac{3}{4}$ tarte = ____ quarts + ____ quarts = $\boxed{}$

h) $2\frac{1}{4}$ tarte = ____ quarts + ____ quart = $\boxed{}$

i) $1\frac{1}{3}$ tartes = ____ tiers + ____ tiers = $\boxed{}$

j) $1\frac{2}{3}$ tartes = ____ tiers + ____ tiers = $\boxed{}$

3. Ella a besoin de $3\frac{2}{3}$ tasses de farine. Quelle mesure devrait-elle utiliser? Expliquez.

   A $\frac{1}{3}$ B $\frac{1}{4}$

Combien de tartes y a-t-il dans $\frac{9}{4}$ tartes?

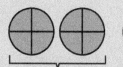

Il y a 9 tartes en tout et partout et chaque tarte a 4 morceaux.   *2 tartes entières*   et $\frac{1}{4}$ *une d'une autre tarte.*

Donc vous pouvez trouver le nombre de tartes en divisant 9 par 4 : $9 \div 4 = 2$ Reste 1

Il y en a 2 tartes entières et 1 quart de tarte de restant, donc : $\frac{9}{4} = 2\frac{1}{4}$

4. Trouvez le nombre de tartes entières et le nombre de morceaux restants en divisant.

a) $\frac{6}{2}$ tartes = ___3___ tartes entières et ___0___ moitiés de tartes = [3] tartes

b) $\frac{7}{2}$ tartes = ___3___ tartes entières et ___1___ moitié de tartes = [$3\frac{1}{2}$] tartes

c) $\frac{11}{4}$ tartes = _____ tartes entières et _____ quart de tartes = [   ] tartes

d) $\frac{12}{4}$ tartes = _____ tartes entières et _____ quart de tartes = [   ] tartes

5. Écrivez la fraction impropre comme nombre fractionnaire en divisant.

a) $\frac{6}{2}$ $6 \div 2 = $ ___3___ R ___0___

Donc $\frac{6}{2} = $ [3]

b) $\frac{7}{2}$ $7 \div 2 = $ ___3___ R ___1___

Donc $\frac{7}{2} = $ [$3\frac{1}{2}$]

c) $\frac{7}{4}$ $7 \div 4 = $ ___ R ___

Donc $\frac{7}{4} = $ [   ]

d) $\frac{8}{4}$

e) $\frac{10}{3}$

f) $\frac{11}{3}$

6. Encerclez le plus grand nombre fractionnaire ou fraction impropre.

a) $8\frac{2}{5}$ $8\frac{4}{5}$

b) $\frac{18}{7}$ $\frac{16}{7}$

c) $19\frac{7}{8}$ $30\frac{1}{8}$

BONUS ▶ $\frac{1\,285}{36}$ $\frac{1\,582}{36}$

7. Encerclez les nombres fractionnaires ou fractions impropres tels qu'indiqués.

a) $\frac{22}{3}$ $\frac{8}{3}$ $\frac{12}{3}$ $\frac{34}{3}$

[   ] < [   ] < [   ] < [   ]

b) $5\frac{4}{5}$ $3\frac{4}{5}$ $6\frac{1}{5}$ $3\frac{2}{5}$

[   ] > [   ] > [   ] > [   ]

LN5-43 Fractions et nombres entiers

Don a 6 biscuits.

Il veut donner $\frac{1}{3}$ de ses biscuits à un(une) ami(e).

Il fait 3 groupes égaux et donne 1 groupe à son ami(e).

Il y a 2 biscuits dans chaque groupe, donc $\frac{1}{3}$ de 6 est 2.

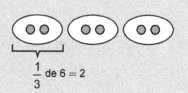

$\frac{1}{3}$ de 6 = 2

1. Utilisez l'image pour trouver la fraction du nombre.

a)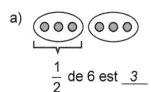

$\frac{1}{2}$ de 6 est __3__

b)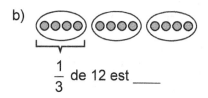

$\frac{1}{3}$ de 12 est ____

c)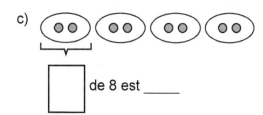

☐ de 8 est ____

d)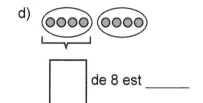

☐ de 8 est ____

Tina a 10 biscuits. Elle veut donner $\frac{2}{5}$ de ses biscuits à un(une) ami(e). Elle forme 5 groupes égaux et donne 2 des groupes à son ami(e).

Il y en a 2 dans chaque groupe. Donc il y en a 4 dans 2 groupes. Donc, $\frac{2}{5}$ de 10 est 4.

$\frac{2}{5}$ de 10

2. Encerclez la quantité donnée.

a) $\frac{2}{3}$ de 6

b) $\frac{4}{4}$ de 8

c) $\frac{3}{5}$ de 10

d) $\frac{3}{4}$ de 12

3. Dessinez le nombre de points adéquats pour chaque groupe, puis encerclez la quantité donnée.

a) $\frac{2}{3}$ de 12

b) $\frac{2}{3}$ de 9

4. Dessinez l'image pour trouver $\frac{3}{4}$ de 16 biscuits.

Tristan trouve $\frac{1}{3}$ de 6 en divisant : 6 divisé en 3 groupes égaux est 2 dans chaque groupe.

$6 \div 3 = 2$ Donc $\frac{1}{3}$ de 6 est 2.

5. Trouvez la fraction du nombre. Écrivez la division que vous avez utilisée dans la boîte.

a) $\frac{1}{2}$ de 8 = __4__

$8 \div 2$

b) $\frac{1}{2}$ de 10 = _____

c) $\frac{1}{2}$ de 14 = _____

d) $\frac{1}{2}$ de 30 = _____

e) $\frac{1}{3}$ de 9 = _____

f) $\frac{1}{3}$ de 15 = _____

BONUS ▶ $\frac{1}{10\,000}$ de 50 000 = _____

6. Encerclez $\frac{1}{2}$ de l'ensemble des lignes. Indice : Comptez les lignes puis divisez par 2.

a) | | | | | |

b) | | | | | | | | | |

c) | | | | | | | | | | | |

d) | | | | | | | | | | | | | |

7. Nuancez $\frac{1}{3}$ des cercles. Puis encerclez $\frac{2}{3}$.

a)

b) ○○○○○○○○○○○○

c) ○○○

d) ○○○○○○○○
○○○○○○○

8. Nuancez $\frac{1}{4}$ des triangles. Puis encerclez $\frac{2}{4}$.

9. Nuancez $\frac{4}{5}$ des boîtes. Indice : En premier, comptez les boîtes puis trouvez $\frac{1}{5}$.

a)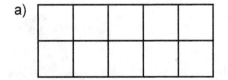

b)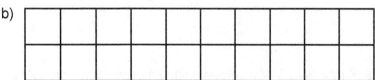

1. Les tableaux montrent les temps de la journée que le lézard est actif.

 réveillé mais inactif.

dort

réveillé et actif.

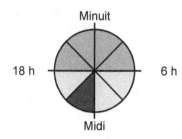

Quelle fraction de la journée le lézard...

a) est réveillé mais inactif?   b) dort?   c) est réveillé et actif?

2. Décrivez l'ensemble des lettres d'au moins trois façons en utilisant la fraction $\frac{2}{5}$.

p O M m E

3. Utilisez chaque fraction deux fois pour décrire l'ensemble des formes : $\frac{1}{7}, \frac{3}{7}, \frac{4}{7}$.

4. Écrivez quatre fractions équivalentes pour la quantité nuancée dans l'image.

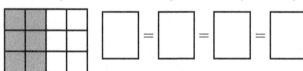

$\square = \square = \square = \square$

5. Le sac à dos d'Anna pèse $\frac{3}{4}$ kg. Le sac à dos de Raj pèse $\frac{1}{2}$ kg. Quel des deux sacs à dos pèse le moins, celui d'Anna ou Raj?

6. Un saumon est $\frac{3}{5}$ m de long et un thon $\frac{3}{7}$ m de long. Quel poisson est le plus long? Expliquez comment vous le savez.

BONUS ▶ Josh fait $\frac{10}{50}$ km de vélo en une minute. Mary fait $\frac{10}{40}$ km de vélo en une minute. Qui est allé le plus loin en une minute? Qui a fait du vélo le plus vite? Expliquez.

1. Qu'est-ce qui est comparé?

a) Sean comduit à 45 km/hr.

_____ et _____

b) Monica gagne 8 $/hr

_____ et _____

c) Utilisez 2 œufs pour 1 tasse de farine.

_____ et _____

2. Inscrivez les informations manquantes.

a) 1 livre coûte 4 $.

2 livres coûtent ____.

3 livres coûtent ____.

4 livres coûtent ____.

b) 1 billet coûte 6 $.

2 billets coûtent ____.

3 billets coûtent ____.

4 billets coûtent ____.

c) 1 pommes coûte 20 ¢.

2 pommes coûtent ____.

3 pommes coûtent ____.

4 pommes coûtent ____.

d) 30 km en 1 heure

_____ km en 2 heures

_____ km en 3 heures

_____ km en 4 heures

e) 12 $ d'allocation en 1 semaine

_____ d'allocation en 2 semaines

_____ d'allocation en 3 semaines

_____ d'allocation en 4 semaines

f) 1 enseignant pour 25 élèves

2 enseignants pour _____ élèves

3 enseignants pour _____ élèves

4 enseignants pour _____ élèves

g) 10 tasses d'eau pour 1 kg de riz

_____ tasses d'eau pour 5 kg de riz

3. Multipliez pour trouver l'information manquante.

a) 1 livre coûte 5 $
$\times 3$ 3 livres coûtent _15 $_ $\times 3$

b) 2 km en 1 heure

_____ km en 6 heures

c) 1 boîte pour 6 marqueurs

5 boîtes pour ____ marqueurs

d) 1 magazine coûte 7 $

4 magazines coûtent _____

e) 1 billet coûte 11 $

_____ billets coûtent 44 $

f) 1 table pour 5 élèves

8 tables pour _____ élèves

4. Edmond conduit 100 km en une heure. Combien de kilomètres aura-t-il conduit en 7 heures? _____

5. Kathy lit 8 pages en une journée. Combien de pages aura-e-elle lues en 7 jours? _____

6. Trouvez l'information manquante.

a) 2 livres coûtent 10 $.

4 livres coûtent _20 $_.

b) 4 mangues coûtent 12 $.

2 mangues coûtent _____.

c) 6 cannes de jus coûtent 9 $.

24 cannes de jus coûtent ____.

7. Nuancez la moitié du cercle. Combien de parties avez-vous nuancées?

a) $\frac{1}{2}$ de 4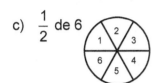

J'ai nuancé __2__ parties.

Donc $\frac{1}{2}$ autant que 4 est __2__ .

b) $\frac{1}{2}$ de 8

J'ai nuancé _____ parties.

Donc $\frac{1}{2}$ autant que 8 est _____ .

c) $\frac{1}{2}$ de 6

J'ai nuancé _____ parties.

Donc $\frac{1}{2}$ autant que 6 est _____ .

BONUS ▶ $\frac{1}{2}$ de 10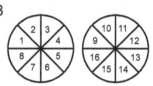

J'ai nuancé _____ parties.

Donc $\frac{1}{2}$ autant que 10 est _____ .

8. Nuancez un cercle entier et une moitié du cercle suivant.

a) $1\frac{1}{2}$ de 4

J'ai nuancé __6__ parties.

Donc $1\frac{1}{2}$ de 4 est __6__ .

J'ai nuancé $\boxed{1\frac{1}{2}}$ de fois autant que 4.

b) $1\frac{1}{2}$ de 8

J'ai nuancé _____ parties.

Donc $1\frac{1}{2}$ de 8 est _____ .

J'ai nuancé $\boxed{}$ de fois que 8.

c) $1\frac{1}{2}$ de 6

J'ai nuancé _____ parties.

Donc $1\frac{1}{2}$ de 6 est _____ .

J'ai nuancé $\boxed{}$ de fois autant que 6.

BONUS ▶ $1\frac{1}{2}$ de 10

J'ai nuancé _____ parties.

Donc $1\frac{1}{2}$ de 10 est _____ .

J'ai nuancé $\boxed{}$ de fois que 10.

9. Evan répond à 10 questions en une heure.

a) À combien de questions répond-il en 2 heures? _____

b) À combien de questions en une demie heure? _____

c) À combien de questions en $2\frac{1}{2}$ heures? _____

Un **dixième** (ou $\frac{1}{10}$) peut être représenté de différentes façons.

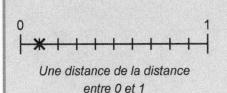

Une distance de la distance entre 0 et 1

Une dixème d'une tarte

Une dixème d'un bloc des centaines

Une dixème d'un bloc des dizaines

Les dixièmes apparaissent communément en unités de mesure. Exemple: un millimètre est un dixième d'un centimètre Les mathématiciens ont inventé les dixièmes en décimale à titre de forme raccourcie pour les dixièmes : $\frac{1}{10} = 0, 1$, $\frac{2}{10} = 0{,}2$ et ainsi de suite.

1. Écrivez une fraction et une décimale pour les parties nuancées dans les boîtes ci-bas.

a) $\boxed{\frac{4}{10}}$ _0,4_

b)

c)

d)

2. Écrivez la décimale.

a) 5 dixièmes = _0,5_ b) 4 dixièmes = _____ c) 6 dixièmes = _____ d) 9 dixièmes = _____

3. Nuancez pour montrer la décimale.

a) 0,3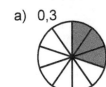

b) 0,8

c) 0,1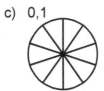

d) 0,4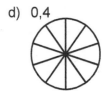

4. Marquez les décimales sur la droite numérique.

a) 0,8 de la distance de 0 à 1

b) 0,2 de la distance de 0 à 1

c) 0,5 de la distance de 0 à 1

b) 0,7 de la distance de 0 à 1

Un **centième** (ou $\frac{1}{100}$) peut être représenté de différentes façons.

Un centième du bloc des centaines

0   1

Un centième de la distance de 0 à 1

Les mathématiciens ont inventé les centièmes en décimales pour des formes raccourcies de centièmes.

Exemples : $\frac{1}{100} = 0{,}01$, $\frac{8}{100} = 0{,}08$, $\frac{37}{100} = 0{,}37$

5. Écrivez une fraction pour les parties nuancées du bloc des centièmes. Puis écrivez la fraction telle une décimale. Indice : Comptez les dizaines pour chaque colonne ou rangée nuancées.

a)
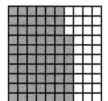
$\frac{67}{100} = 0{,}67$

b)
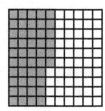

c)
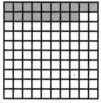

d)
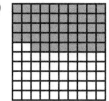

e)
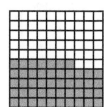

BONUS ▶
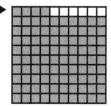

6. Écrivez la décimale.

a) 18 centièmes = _____

b) 9 centièmes = _____

c) 90 centièmes = _____

RAPPEL ▶ Les points plus loin à droite sur une droite numérique sont des nombres plus grands.

Exemple : 5 est à droite du 3 car 5 > 3.

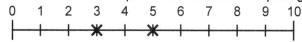

7. a) Marquez les décimales sur la droite numérique.

A. 0,24   **B.** 0,70   **C.** 0,06   **D.** 0,45

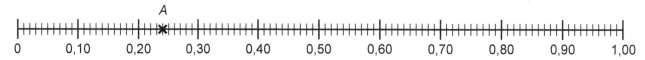

b) Écrivez les décimales dans la partie a) du plus petit au plus grand.

_____ < _____ < _____ < _____

LN5-47 Comparer et ordonner les décimales de dixièmes et centièmes

1. Nuancez la même quantité dans le second carré. Puis comptez par dizaines pour trouver le nombre des centaines. Écrivez votre réponse sous forme de fraction et décimale.

a)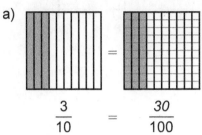

$$\frac{3}{10} = \frac{30}{100}$$

0,3 = __0,30__

b)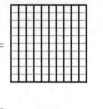

$$\frac{9}{10} = \frac{}{100}$$

0,9 = _____

c)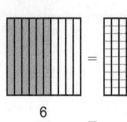

$$\frac{6}{10} = \frac{}{100}$$

0,6 = _____

2. a) Complétez le tableau.

	Fraction dixièmes	Fraction centaines	Illustration	Décimale dizaines	Décimale centièmes
i)	$\dfrac{2}{10}$	$\dfrac{20}{100}$		0,2	0,20
ii)					
iii)					

b) Utilisez la partie a) pour écrire les décimales de la plus petite à la plus grande.   0,40   0,2   0,7

_____ < _____ < _____

3. Écrivez combien de dizaines et de centaines. Puis écrivez l'équation avec des décimales.

A. _____ dixièmes

= _____ centièmes

Donc _____ = _____

B. _____ dixièmes

= _____ centièmes

Donc _____ = _____

C. _____ dixièmes

= _____ centièmes

Donc _____ = _____

4. Montrez les décimales sur la droite numérique. Puis écrivez les décimales de la plus petite à la plus grande.

a) **A.** 0,40   **B.** 0,05   **C.** 0,27

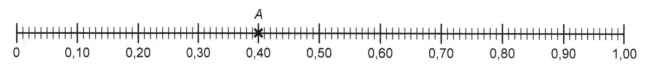

_____ < _____ < _____

b) **A.** 0,80   **B.** 0,08   **C.** 0,05

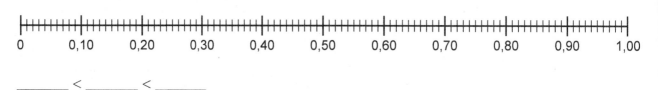

_____ < _____ < _____

5. Écrivez la décimale une fraction avec un dénominateur de 100.

a) $0,7 = \dfrac{}{10} = \dfrac{}{100}$ b) $0,48 = \dfrac{}{100}$ c) $0,09 = \dfrac{}{100}$ d) $0,3 = \boxed{}$

6. Puis écrivez la fraction telle une décimale avec les 2 chiffres après le point de la décimale.

a) $\dfrac{6}{10} = 0,\underline{}$ b) $\dfrac{77}{100} = 0,\underline{}\,\underline{}$ c) $\dfrac{5}{10} = 0,\underline{}$ d) $\dfrac{9}{100} = 0,\underline{}\,\underline{}$

     $= 0,\underline{}\,\underline{}$ $= 0,\underline{}\,\underline{}$

7. Biffez les égalités qui sont incorrectes.

$0,52 = \dfrac{52}{100}$ $0,8 = \dfrac{8}{10}$ $\dfrac{17}{100} = 0,17$ $\dfrac{3}{100} = 0,03$

$0,7 = \dfrac{7}{100}$ $0,53 = \dfrac{53}{100}$ $0,05 = \dfrac{5}{100}$ $0,02 = \dfrac{2}{10}$

8. Écrivez les décimales comme des centièmes pour comparer les décimales. Puis écrivez < ou > dans la boîte.

a) 0,4   0,73   b) 0,2   0,16   c) 0,7   0,59

a) $= \dfrac{}{100}$ $= \dfrac{}{100}$ b) $= \underline{}$ $= \underline{}$ c) $= \underline{}$ $= \underline{}$

0,4 $\boxed{}$ 0,73   0,2 $\boxed{}$ 0,16   0,7 $\boxed{}$ 0,59

Combiner les dixièmes et les centièmes

1. Décrivez la partie nuancée du bloc des centaines de quatre façon.

a)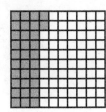

_32_ centièmes = _3_ dixièmes _2_ centièmes

$$\frac{32}{100} = 0,\underline{\ 3\ }\ \underline{\ 2\ }$$

b)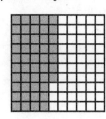

___ centièmes = ___ dixièmes ___ centièmes

$$\frac{}{100} = 0,\underline{\ \ }\ \underline{\ \ }$$

c)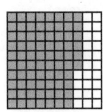

___ centièmes = ___ dixièmes ___ centièmes

$$\frac{}{100} = 0,\underline{\ \ }\ \underline{\ \ }$$

d)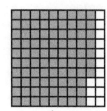

___ centièmes = ___ dixièmes ___ centièmes

$$\frac{}{100} = 0,\underline{\ \ }\ \underline{\ \ }$$

2. Remplissez les champs vierges.

a) 71 centièmes = _7_ dizaines _1_ centaine

$$\frac{71}{100} = 0,\underline{\ 7\ }\ \underline{\ 1\ }$$

b) 28 centaines = ___ dizaines ___ centaines

$$\frac{}{100} = 0,\underline{\ \ }\ \underline{\ \ }$$

c) 41 centièmes = ___ dizaines ___ centaine

$$\frac{}{100} = 0,\underline{\ \ }\ \underline{\ \ }$$

b) 60 centaines = ___ dizaines ___ centaines

$$\frac{}{100} = 0,\underline{\ \ }\ \underline{\ \ }$$

e) 6 centaines = ___ dizaines ___ centaines

$$\frac{}{100} = 0,\underline{\ \ }\ \underline{\ \ }$$

f) 95 centaines = ___ dizaines ___ centaines

$$\frac{}{100} = 0,\underline{\ \ }\ \underline{\ \ }$$

3. Décrivez les décimales de deux façons.

a) 0,52 = _5_ dixièmes _2_ centièmes

= _52 centièmes_

b) 0,11 = ___ dixième ___ centième

= _____

c) 0,70 = ___ dizaines ___ centaines

= _____

d) 0,07 = ___ dizaines ___ centaines

= _____

Jasmin décrit la distance couverte sur une droite numérique de deux façons.

43 centièmes = 4 dixièmes 3 centièmes

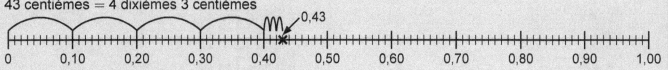

4. Écrivez de deux façons la distance couverte.

A. _____ dixièmes _____ centièmes

= _____ centièmes

B. _____ dixièmes _____ centièmes

= _____ centièmes

5. Estimez et marquez l'endroit des décimales sur la droite numérique.

a) **A.** 0,62   **B.** 0,35   **C.** 0,99   **D.** 0,05

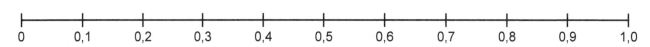

b) **A.** 0,37   **B.** 0,28   **C.** 0,51   **D.** 0,11

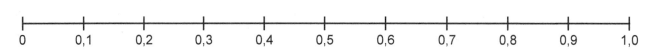

Rappel ▶ Un mètre est 100 centimètres.

6. Quelle partie d'un mètre est la longueur montrée? Écrivez votre réponse sous forme de fraction et décimale.

a)

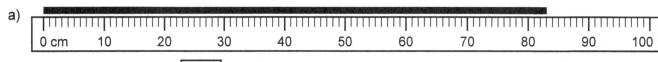

83 cm = ___0,83___ m = $\boxed{\dfrac{83}{100}}$ m

b)

58 cm = _____ m = $\boxed{}$ m

LN5-49 Décimales supérieures à 1

Un nombre fractionnaire peut être écrit tel une décimale.

Exemples : $12\frac{3}{10} = 12,3$ $2\frac{85}{100} = 2,85$

Le point de la décimale sépare la partie du nombre entier (à gauche) de la partie de la fraction (à droite).

1. Puis écrivez la nombre fractionnaire telle une décimale.

a) $3\frac{4}{10} = $ _____

b) $12\frac{5}{10} = $ _____

c) $8\frac{45}{100} = $ _____

d) $46\frac{3}{100} = $ _____

RAPPEL ▶

Le nombre de chiffres à droite de la décimale = le nombre de zéros dans le dénominateur.

Exemples : $3,\mathbf{50} = 3\frac{\mathbf{50}}{\mathbf{100}}$ $3,\mathbf{5} = 3\frac{\mathbf{5}}{\mathbf{10}}$ $3,\mathbf{05} = 3\frac{\mathbf{5}}{\mathbf{100}}$

2. Écrivez le dénominateur de la partie fraction pour l'équivalent du nombre fractionnaire.

a) 4,9 _____

b) 1,58 _____

c) 15,08 _____

BONUS ▶ 18,40 _____

3. Écrivez la décimale comme un nombre fractionnaire.

a) $3,81 = $

b) $6,9 = $

c) $7,04 = $

d) $18,15 = $

e) $13,4 = $

f) $17,06 = $

g) $193,45 = $

BONUS ▶ $1\ 007,04 = $

Vous pouvez écrire une décimale en mots. Utilisez le « et » pour le point de la décimale.

Exemples : $12\frac{3}{10} = 12,3 = $ douze **et** trois dizaines $2\frac{85}{100} = 2,85 = $ deux **et** quatre-vingt-cinq centaines

4. Écrivez « dizaines » ou « centaines ». Indice : Comptez les chiffres à droite du point de la décimale.

a) 3,12 = trois et douze _____

b) 18,7 = dix-huit et sept _____

c) 6,05 = six et cinq _____

d) 20,8 = vingt et huit _____

5. Écrivez l'équivalent en mots pour la décimale.

a) 7,4 = _____

b) 4,09 = _____

c) soixante-quatorze et onze centaines = _____

d) vingt et quatre dizaines = _____

6. Changez une fraction impropre en un nombre fractionnaire.

a) $\dfrac{74}{10}$ $74 \div 10 =$ _____ R _____

   Donc $\dfrac{74}{10} =$

b) $\dfrac{625}{100}$ $625 \div 100 =$ _____ R _____

   Donc $\dfrac{625}{100} =$

7. Changez une fraction impropre en un nombre fractionnaire puis en une décimale.

a) $\dfrac{35}{10} = 3\dfrac{5}{10} = 3{,}5$

b) $\dfrac{387}{100} = 3\dfrac{87}{100} = 3{,}87$

c) $\dfrac{41}{10} =$

d) $\dfrac{642}{100} =$

e) $\dfrac{564}{100} =$

f) $\dfrac{808}{100} =$

8. Écrivez la décimale en une fraction impropre avec un dénominateur 10 ou 100.

a) $3{,}8 =$

b) $7{,}08 =$

c) $8{,}60 =$

d) $60{,}04 =$

e) $70{,}8 =$

f) $17{,}5 =$

g) $31{,}89 =$

h) $90{,}4 =$

9. Complétez le tableau.

	Décimale dizaines	Fraction dixièmes	Fraction centaines	Décimale centièmes
a)	2,7	$\dfrac{27}{10}$	$\dfrac{270}{100}$	2,70
b)	3,8			
c)	3,9			
d)	6,4			

	Décimale dizaines	Fraction dixièmes	Fraction centaines	Décimale centièmes
e)	59,4			
f)		$\dfrac{75}{10}$		
g)			$\dfrac{670}{100}$	
h)				30,80

LN5-50 Les fractions de décimales et les positions des valeurs

Décimales sont la façon d'enregistrer les positions des valeurs sur les fractions en décimales.

points des décimales

5 milliers → **5 342,67** ← 7 centièmes

3 centaines   4 dizaines   2 unités   6 dixièmes

1. Écrivez la position de la valeur du chiffre souligné.

   a) 2,7 _____unités_____   b) 53,9 _____   c) 107,1 _____

   d) 236,4 _____   e) 501,08 _____   f) 734,58 _____

2. Écrivez la position de la valeur du chiffre 3 dans le nombre. Indice : Premièrement soulignez le 3 dans le nombre.

   a) 261,93 _____   b) 405,03 _____   c) 7 103,8 _____

   d) 3,02 _____   e) 3 919,1 _____   f) 2 854,30 _____

Vous pouvez également écrire les nombres à l'aide d'une charte des positions des valeurs. Exemple :

Le nombre 7102,85 dans une charte de position des valeurs :

Milliers	Centaines	Dizaines	Unités	Dixièmes	Centièmes
7	1	0	2	8	5

3. Écrivez le nombre dans la charte de position des valeurs.

		Milliers	Centaines	Dizaines	Unités	Dixièmes	Centièmes
a)	5 227,60	5	2	2	7	6	0
b)	853,4						
c)	0,05						
d)	27,00						
e)	4,58						

4. Quelle est la valeur du chiffre 9 dans chaque décimale? Écrivez la réponse de deux façons.

   a) 0,49 $\dfrac{9}{100}$ ou 9 ___centièmes___   b) 3,92 $\dfrac{9}{}$ ou 9 _____

   c) 8,90 $\dfrac{9}{}$ ou 9 _____   d) 3,09 $\dfrac{9}{}$ ou 9 _____

5. Mettre un point de décimale dans le nombre afin que le chiffre 4 ait une valeur $\dfrac{4}{10}$.

   a) 6 4 1   b) 1 0 4   c) 1 3 4 2   **BONUS** ▶ 1 0 0 0 1 4

	1 unité	1 dixième	1 centième	1 millième
	$\frac{1}{1} = 1$	$\frac{1}{10} = 0,1$	$\frac{1}{100} = 0,01$	$\frac{1}{1000} = 0,001$

1. Complétez le tableau.

	Fraction dixièmes	Fraction centièmes	Fraction millièmes	Décimale dizaines	Décimale centièmes	Décimale millièmes
a)	$\frac{6}{10}$	$\frac{60}{100}$	$\frac{600}{1\,000}$	0,6	0,60	0,600
b)				0,3		
c)		$\frac{80}{100}$				
d)						0,500
e)	$\frac{4}{10}$					
f)			$\frac{200}{1000}$			
g)					0,70	

2. Puis écrivez la fraction telle une décimale avec les trois chiffres après le point de la décimale.

a) $\frac{2}{10} = \underline{0},\underline{2}\ \underline{0}\ \underline{0}$

b) $\frac{74}{100} = \underline{},\underline{}\ \underline{}\ \underline{}$

c) $\frac{9}{1000} = \underline{},\underline{}\ \underline{}\ \underline{}$

d) $\frac{101}{1000} = \underline{},\underline{}\ \underline{}\ \underline{}$

e) $\frac{596}{1000} = \underline{},\underline{}\ \underline{}\ \underline{}$

f) $\frac{110}{1000} = \underline{},\underline{}\ \underline{}\ \underline{}$

g) $\frac{9}{10} = \underline{},\underline{}\ \underline{}\ \underline{}$

h) $\frac{1}{100} = \underline{},\underline{}\ \underline{}\ \underline{}$

i) $\frac{10}{100} = \underline{},\underline{}\ \underline{}\ \underline{}$

3. Écrivez la décimale une fraction avec un dénominateur de 1 000.

a) $0,346 = \frac{}{1\,000}$

b) $0,27 = \frac{}{1\,000}$

c) $0,8 = \frac{}{1\,000}$

d) $0,101 = \frac{}{1\,000}$

e) $0,05 = \frac{}{1\,000}$

f) $0,003 = \frac{}{1\,000}$

g) $0,704 = \frac{}{1\,000}$

h) $0,060 = \frac{}{1\,000}$

LN5-52 Comparer et ordonner les fractions décimales et les décimales

La droite numérique est divisée en dizaines. Le Point A est situé à $\frac{6}{10} = 0,6$

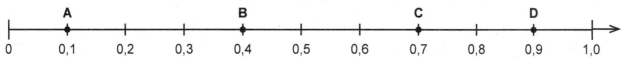

1. Écrivez une décimale et une fraction pour chaque point sur la droite numérique.

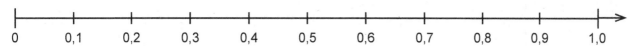

	A	B	C	D
Décimale	0,1			
Fraction	$\frac{1}{10}$			

2. Marquez la décimale ou la fraction pour la droite numérique avec un point et une lettre.

A. 0,3   **B.** 0,2   **C.** 0,4   **D.** $\frac{7}{10}$

E. $\frac{9}{10}$ **F.** $\frac{6}{10}$ **G.** 0,1   **BONUS ▶ H.** $\frac{99}{100}$

La droite numérique est divisée en centièmes. Le Point A est situé à $\frac{28}{100} = 0,28$

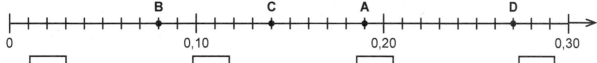

3. Écrivez une décimale et une fraction pour chaque point sur la droite numérique.

A. ☐ _____   **B.** ☐ _____   **C.** ☐ _____   **D.** ☐ _____

4. Marquez la décimale ou la fraction pour la droite numérique avec un point et une lettre.

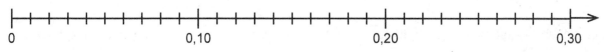

A. 0,13   **B.** $\frac{1}{100}$ **C.** 0,04   **D.** $\frac{17}{100}$

5. a) Estimez la position de la décimale ou de la fraction sur la droite numérique en marquant un point et une lettre. Indice : Changez toutes les fractions en décimales.

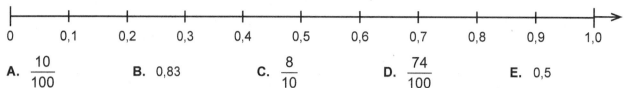

A. $\dfrac{10}{100}$ **B.** 0,83   **C.** $\dfrac{8}{10}$ **D.** $\dfrac{74}{100}$ **E.** 0,5

     _0,10_   _____   _____   _____   _____

b) Ordonnez $\dfrac{10}{100}$, $\dfrac{8}{10}$, et 0,5 du plus petit au plus grand. _____ < _____ < _____

6. Changez toutes les décimales en fractions avec un dénominateur de 100. Écrivez les fractions en ordre de la plus grande à la plus petite.

a) $\dfrac{27}{100}$ 0,9   0,25

$\boxed{\dfrac{27}{100}}$ $\boxed{\dfrac{90}{100}}$ $\boxed{\dfrac{25}{100}}$

$\boxed{\dfrac{90}{100}}$ > $\boxed{\dfrac{27}{100}}$ > $\boxed{\dfrac{25}{100}}$

b) 0,2   0,8   0,35

☐ ☐ ☐

☐ > ☐ > ☐

c) 0,3 $\dfrac{22}{100}$ $\dfrac{39}{100}$

☐ ☐ ☐

☐ > ☐ > ☐

d) 0,45 $\dfrac{47}{100}$ 0,4

☐ ☐ ☐

☐ > ☐ > ☐

e) 0,08 $\dfrac{7}{100}$ 0,1

☐ ☐ ☐

☐ > ☐ > ☐

f) 0,24 $\dfrac{4}{10}$ $\dfrac{20}{100}$

☐ ☐ ☐

☐ > ☐ > ☐

7. Utilisez les nombres 10 et 100 tels des dénominateurs afin que l'énoncé soit vrai.

a) $\dfrac{6}{10} > \dfrac{6}{100}$ b) $\dfrac{6}{\rule{1cm}{0.4pt}} < \dfrac{6}{\rule{1cm}{0.4pt}}$ **BONUS ▶** $\dfrac{7}{\rule{1cm}{0.4pt}} < \dfrac{6}{\rule{1cm}{0.4pt}}$

8. Utilisez les nombres 5 et 60 tels des dénominateurs afin que l'énoncé soit vrai.

a) $\dfrac{5}{100} < \dfrac{60}{100}$ b) $\dfrac{\rule{1cm}{0.4pt}}{10} < \dfrac{\rule{1cm}{0.4pt}}{100}$

9. a) Cam pense $\dfrac{3}{10}$ est moins que 0,30 car le 3 est moins que 30. Êtes–vous d'accord? Expliquez.

b) Lily pense que 0,1 est moins que $\dfrac{8}{100}$ car 8 est plus grand que 1. Êtes–vous d'accord? Expliquez.

1.

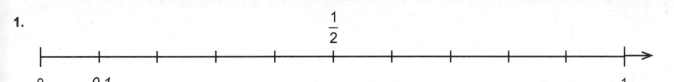

a) Écrivez une décimale pour chaque marque sur la droite numérique ci–dessus.

b) Quelle décimale est égale à une moitié? $\frac{1}{2}$ = _____

c) Utiliez la droite numérique ci–haut pour comparer la paire de nombres. Écrivez <, > ou = dans la boîte.

i) 0,7 $\boxed{>}$ $\frac{1}{2}$ ii) $\frac{1}{2}$ $\boxed{}$ 0,6   iii) $\frac{1}{2}$ $\boxed{}$ 0,4

iv) $\frac{1}{2}$ $\boxed{}$ 0,5   v) 0,1 $\boxed{}$ $\frac{1}{2}$ vi) 0,2 $\boxed{}$ $\frac{1}{2}$

2. Utilisez les droite numériques pour comparer la paire de nombres. Écrivez <, > ou = dans la boîte.

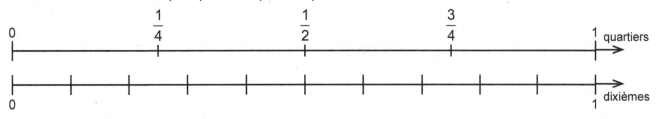

a) 0,8 $\boxed{}$ $\frac{3}{4}$ b) 0,4 $\boxed{}$ $\frac{7}{10}$ c) $\frac{1}{4}$ $\boxed{}$ 0,4   d) 0,2 $\boxed{}$ $\frac{1}{4}$

e) 0,5 $\boxed{}$ $\frac{1}{2}$ f) 0,3 $\boxed{}$ $\frac{1}{4}$ g) $\frac{3}{4}$ $\boxed{}$ 0,6   h) $\frac{3}{4}$ $\boxed{}$ 0,7

3. Utilisez les droite numériques pour comparer la paire de nombres. Écrivez <, > ou = dans la boîte.

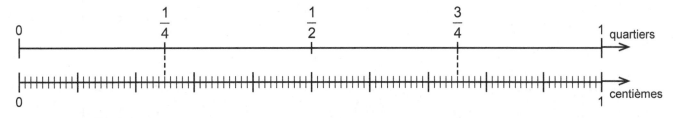

a) 0,21 $\boxed{}$ $\frac{1}{4}$ b) $\frac{1}{2}$ $\boxed{}$ 0,54   c) 0,75 $\boxed{}$ $\frac{3}{4}$ d) 0,26 $\boxed{}$ $\frac{1}{4}$

e) 0,74 $\boxed{}$ $\frac{3}{4}$ f) 0,3 $\boxed{}$ $\frac{1}{4}$ g) $\frac{1}{2}$ $\boxed{}$ 0,6   h) $\frac{3}{4}$ $\boxed{}$ 0,80

4. Nuancez $\frac{1}{2}$ les carrés. Écrivez deux fractions et deux décimales pour $\frac{1}{2}$.

Fractions : $\frac{1}{2}$ = $\frac{}{10}$ = $\frac{}{100}$

Décimales : $\frac{1}{2}$ = 0,_____ = 0,_____

5. 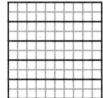 Nuancez $\frac{1}{5}$ les carrés. Écrivez deux fractions et deux décimales pour $\frac{1}{5}$.

Fractions : $\frac{1}{5}$ = $\frac{}{10}$ = $\frac{}{100}$

Décimales : $\frac{1}{5}$ = 0,_____ = 0,_____

6. Écrivez les fractions équivalentes.

a) $\frac{2}{5}$ = $\frac{}{10}$ = $\frac{}{100}$ b) $\frac{3}{5}$ = $\frac{}{10}$ = $\frac{}{100}$ c) $\frac{4}{5}$ = $\frac{}{10}$ = $\frac{}{100}$

7. 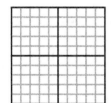 Nuancez $\frac{1}{4}$ les carrés. Écrivez une fraction et une décimale pour $\frac{1}{4}$ et $\frac{3}{4}$.

Fractions : $\frac{1}{4}$ = $\frac{}{100}$ Fractions : $\frac{3}{4}$ = $\frac{}{100}$

Décimales : $\frac{1}{4}$ = 0,_____   Décimales : $\frac{3}{4}$ = 0,_____

8. Encerclez le nombre le plus grand dans la paire. Indice : Changez premièrement toutes les fractions et les décimales en fractions avec le dénominateur 100.

a) $\frac{1}{2}$ 0,37   b) $\frac{1}{4}$ 0,52   c) $\frac{2}{5}$ 0,42

$\boxed{\frac{50}{100}}$ $\square$ $\square$ $\square$ $\square$ $\square$

d) 0,7 $\frac{3}{5}$ e) 0,23 $\frac{1}{5}$ f) 0,52 $\frac{1}{2}$

$\square$ $\square$ $\square$ $\square$ $\square$ $\square$

9. Écrivez les nombres en ordre du plus petit au plus grand. Expliquez comment vous avez trouvé votre réponse.

a) 0,7   0,32 $\frac{1}{2}$ b) $\frac{1}{4}$ $\frac{3}{5}$ 0,63   c) $\frac{2}{5}$ 0,35 $\frac{1}{2}$

LN5-54 Additionner les décimales

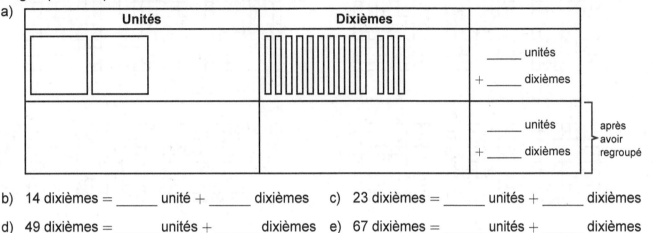

Une représentation de base dix pour les dizaines et les centièmes des décimales :

1 unité   1 dixième   1 centième   1 unité = 10 dixièmes   1 dixième = 10 centièmes

1. Regroupez chaque 10 dizaines en 1 unité.

a)

Unités	Dixièmes	
		_____ unités + _____ dixièmes
		_____ unités + _____ dixièmes

après avoir regroupé

b) 14 dixièmes = _____ unité + _____ dixièmes   c) 23 dixièmes = _____ unités + _____ dixièmes

d) 49 dixièmes = _____ unités + _____ dixièmes   e) 67 dixièmes = _____ unités + _____ dixièmes

2. Regroupez afin que chaque position des valeurs ait un seul chiffre.

a) 3 unités + 12 dixièmes = __4__ unités + __2__ dixièmes

b) 7 dixièmes + 14 centièmes = _____ dixièmes + _____ centièmes

c) 8 dixièmes + 15 centièmes = _____ dixièmes + _____ centièmes

d) 6 dixièmes + 24 centièmes = _____ dixièmes + _____ centièmes

e) 1 dixième + 89 centièmes = _____ dixièmes + _____ centièmes

3. Regroupez en 1 dixième pour 10 centièmes.

a) 4 dixièmes + 0 centième = __3__ dixièmes + __10__ centièmes

b) 8 dixièmes + 0 centième = _____ dixièmes + _____ centièmes

c) 4 dixièmes + 1 centième = _____ dixièmes + _____ centièmes

d) 6 dixièmes + 8 centièmes = _____ dixièmes + _____ centièmes

e) 1 dixième + 9 centièmes = _____ dixièmes + _____ centièmes

BONUS ▶ 1 dixième + 89 centièmes = _____ dixièmes + _____ centièmes

4. Écrivez une décimale pour chaque partie nuancée. Puis ajoutez les décimales et nuancez votre réponse.

a)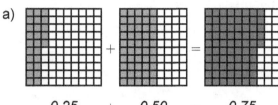

_0,25_ + _0,50_ = _0,75_

b)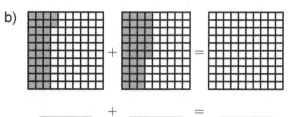

_____ + _____ = _____

c)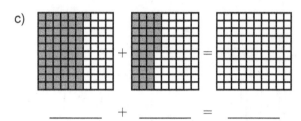

_____ + _____ = _____

d)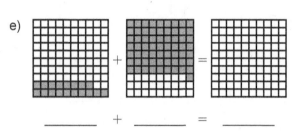

_____ + _____ = _____

e)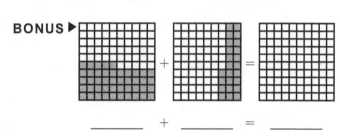

_____ + _____ = _____

BONUS ▶

_____ + _____ = _____

5. Additionnez en ajoutant chaque position des valeurs.

a) 41,2 + 7,48

Dizaines	Unités	Dixièmes	Centièmes
4	1	2	
	7	4	8
4	8	6	8

b) 36,48 + 42,1

Dizaines	Unités	Dixièmes	Centièmes
4	1	2	
	7	4	8
4	8	6	8

6. Additionnez en ajoutant chaque position des valeurs. Puis regroupez.

a) 4,65 + 0,73

Unités	Dixièmes	Centièmes
4	6	5
0	7	3
4	13	8
5	3	8

→ après avoir regroupé ←

b) 31,4 + 5,71

Dizaines	Unités	Dixièmes	Centièmes

7. Additionnez les décimales en enlignant les points des décimales.

a) $0,41 + 0,37$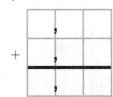

b) $0,52 + 0,46$

c) $0,05 + 0,83$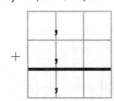

d) $0,4 + 0,04$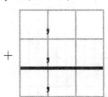

Vous pouvez également montrer le regroupement sur la grille. Exemple : $4,8 + 3,5$

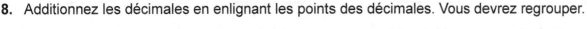

8 dixièmes + 5 dixièmes = 13 dixièmes ont été regroupés tel **1** unité et **3** dixièmes

8. Additionnez les décimales en enlignant les points des décimales. Vous devrez regrouper.

a) $0,7 + 0,48$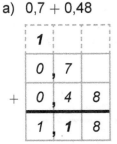

b) $0,26 + 0,65$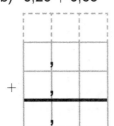

c) $0,63 + 0,84$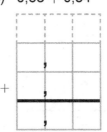

d) $0,17 + 0,43 + 1,32$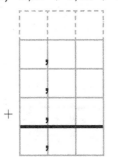

9. Additionnez les décimales en enlignant les points des décimales. Vous pourriez avoir besoin de regrouper.

a) $2,51 + 4,68$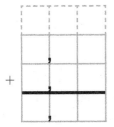

b) $5,45 + 3,45$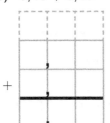

c) $8,48 + 0,09$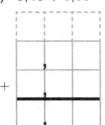

d) $0,87 + 0,04$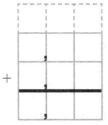

10. La masse d'une dix sous est 1,75 g et la masse d'un vingt–cinq cennes est 4,4 g. Quelle est la masse totale d'un dix sous et deux vingt-cinq cennes?

11. Bill additionne $21,4 + 4,21$ sur du papier quadrillé. Il obtient 63,5. Quelle erreur a–t–il fait? Expliquez.

_____

_____

LN5-55 Additionner les décimales et soustraire les décimales

1. Soustrayez en biffant le nombre correct des boîtes nuancées. Écrivez votre réponse sous forme de décimale.

a)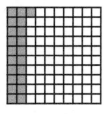

b)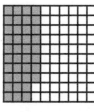

c)

d)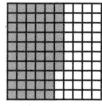

$0,21 - 0,11 =$ _____ $0,38 - 0,12 =$ _____ $0,69 - 0,34 =$ _____ $0,57 - 0,25 =$ _____

2. Soustrayez les décimales en enlignant les points de décimales.

a) $0,74 - 0,31$

	0	,	7	4
−	0	,	3	1
	0	,	4	3

b) $0,65 - 0,24$

c) $3,47 - 2,2$

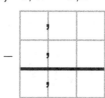

d) $6,49 - 0,35$

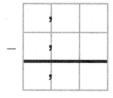

e) $2,51 - 1,51$

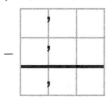

f) $3,79 - 2,06$

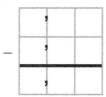

g) $8,84 - 7,10$

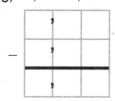

h) $5,19 - 3,07$

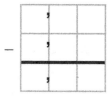

i) $4,08 - 4,04$

j) $2,15 - 2,03$

k) $5,52 - 2,41$

l) $9,83 - 2,70$

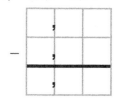

Lorsque vous soustrayez les décimales, vous pourriez avoir à regrouper tout comme lorsque vous soustrayez des nombres entiers.

Exemple :

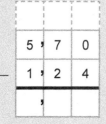

Regroupez 1 dixième tel 10 centièmes.

3. Soustrayez les décimales. Mettez un point de décimale dans votre réponse sur la grille.

a) $0,81 - 0,58$

b) $5,72 - 3,56$

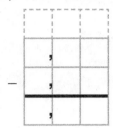

c) $6,15 - 4,2$

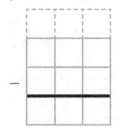

d) $2,46 - 0,38$

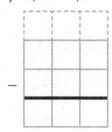

e) $4,4 - 2,65$

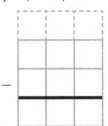

f) $31,1 - 22,2$

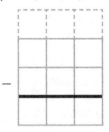

g) $7,45 - 6,68$

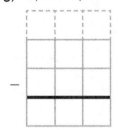

h) $5,20 - 1,23$

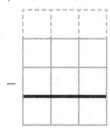

4. Soustrayez les décimales sur le papier quadrillé.

a) $0,87 - 0,26$

b) $6,15 - 4,04$

c) $5,83 - 3,69$

5. Additionnez ou soustrayez mentalement.

a) $0,54 + 0,31 = $ _____

b) $4,95 - 2,84 = $ _____

c) $7,09 - 4,02 = $ _____

d) $2,37 + 1,22 = $ _____

e) $5,73 - 1,62 = $ _____

f) $8,71 - 1,71 = $ _____

g) $1,45 + 2,54 = $ _____

h) $4,35 - 2,12 = $ _____

i) $9,47 - 7,46 = $ _____

6. Quelle est la différence entre l'épaisseur de ces coins?

a) un vingt-cinq cennes (1,58 mm) et un dix sous (1,22 mm)

b) un cinq cennes (1,76 mm) et un vingt-cinq cennes (1,58 mm)

7. Sara a coloré de l'eau pour un projet en mélangeant 0,05 L de colorant bleu dans 0,85 L d'eau. Combien de litres d'eau colorée bleue a-t-elle fait?

8. Un chat moyen mesure (son corps et sa tête) environ 0,46 m de long. La queue est environ 0,30 m de long. Quelle est la longueur totale du chat domestique moyen?

LN5-56 Notation des dollars et des cents

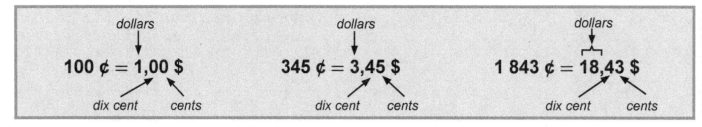

1. Écrivez le montant en cents puis en dollars.

   a) 4 cinq cents = __20 ¢__ = __0,20 $__   b) 6 dix cents = _____ = _____

   c) 1 vingt-cinq cents = _____ = _____   d) 5 cinq cents = _____ = _____

   e) 3 vingt-cinq cents = _____ = _____   f) 8 dix cents = _____ = _____

   g) 1 un dollar = _____ = _____   h) 5 un dollar = _____ = _____

   i) 7 un dollar = _____ = _____   j) 10 dix cents = _____ = _____

   BONUS ▶

   k) 4 un dollar, 3 dix cents et 1 cinq cents = _____ = _____

   l) 3 deux dollars, 2 un dollar, 1 vingt-cinq cents, 1 dix cents et 2 cinq cents = _____ = _____

2. Complétez le tableau.

	Montant en ¢	Dollars	Dix cents	Cents	Montant en $
a)	143 ¢	1	4	3	1,43 $
b)	47 ¢	0			
c)	305 ¢				
d)	3 ¢				

   BONUS ▶

	2 016 ¢			

3. Écrivez le montant en cents puis en dollars.

   a) 3,00 $ = __300 ¢__   b) 0,60 $ = _____   c) 0,09 $ = _____

   d) 1,00 $ = _____   e) 7,98 $ = _____   f) 12,00 $ = _____

   g) 10,00 $ = _____   h) 1,99 $ = _____   i) 1,51 $ = _____

   j) 0,98 $ = _____   k) 0,03 $ = _____   l) 0,08 $ = _____

   m) 23,00 $ = _____   n) 31,06 $ = _____   o) 40,04 $ = _____

4. Écrivez le montant en cents puis en dollars.

a) 254 ¢ = _2,54 $_

b) 103 ¢ = _____

c) 216 ¢ = _____

d) 375 ¢ = _____

e) 300 ¢ = _____

f) 4 ¢ = _____

g) 607 ¢ = _____

h) 1 908 ¢ = _____

i) 600 ¢ = _____

j) 99 ¢ = _____

k) 1 200 ¢ = _____

BONUS ▶ 9 008 ¢ = _____

5. Complétez le tableau.

	Dollars	Cents	Total
a)	 = _3 $_	 = _35 ¢_	_3,35 $_
b)  	= _____	= _____	_____
c)  	= _____	= _____	_____
d)  	= _____	= _____	_____
e)  	= _____	= _____	_____
f)  	= _____	= _____	_____

6. Lela a payé un carnet de notes avec 3 pièces de monnaie. Le carnet a coûté 6,00 $.
Quelles pièces de monnaie a-t-elle utilisées?

7. Montrez deux façons de faire 5,25 $ avec 6 pièces de monnaie et/ou des billets papiers.

8. Changez le montant en dollars en cents. Puis encerclez le montant le plus élevé.

   a) (175 ¢)   ou   1,73 $ b) 1,00 $ ou   10 ¢   c) 6 ¢   ou   0,04 $

                173 ¢

   d) 5,98 $ ou   597 ¢   e) 600 ¢   ou   6,05 $ f) 0,87 $ ou   187 ¢

9. Écrivez chaque montant en cents. Puis encerclez le montant d'argent le plus élevé dans la paire.

   a) trois dollars et soixante-cinq cents   ou   trois cent cinquante-six cents

   _____   _____

   b) neuf dollars et vingt-huit cents   ou   neuf dollars et quatre-vingt-huit cents

   _____   _____

   c) huit dollars et soixante-cinq cents   ou   8,57 $

   _____   _____

10. Quel montant d'argent est le plus élevé : 168 ¢ ou 1,65 $? Expliquez.

11. Marla a 1 014 ¢, Ray a onze dollars et quatre-et-un cents et Jessica a 11,04 $.
    Écrivez les montants que Marla et Ray ont en dollars. Puis ordonnez les trois montants
    du moindre au plus élevé.

    Montant de Marla : 1 014 ¢ = _____ $

    Le montant de Ray : onze dollars et quarante-et-une cents = _____ $

    _____ < _____ < _____

12. Sammy a 2 308 ¢. Jacob a 2 083 ¢. Écrivez le montant en dollars qui est...

    a) plus grand que les deux montants. _____

    b) moins que les deux montants. _____

    c) entre les deux montants. _____

1. Additionner.

a) 5,45 $ + 3,23 $

5	,	4	5	$
+ 3	,	2	3	$
	,			$

b) 26,15 $ + 32,23 $

	,		$
+		,		$
	,		$

c) 19,57 $ + 50,32 $

		,		$
+			,		$
		,		$

2. Additionner. Vous devrez regrouper.

a)

1	6	,	6	0	$
+ 2	3	,	7	5	$
		,			$

b)

2	7	,	4	5	$
+ 4	5	,	1	2	$
		,			$

c)

8	7	,	4	1	$
+		6	,	3	9	$
		,			$

d)

3	4	,	6	0	$
+ 2	6	,	0	0	$
		,			$

e)

3	2	,	4	7	$
+ 4	4	,	2	5	$
		,			$

f)

1	6	,	0	8	$
+ 4	8	,	0	5	$
		,			$

3. Soustraire. Vous devrez regrouper.

a)

2	4	,	5	0	$
− 2	1	,	7	5	$
		,			$

b)

3	6	,	4	5	$
− 1	3	,	8	0	$
		,			$

c)

4	7	,	2	3	$
−		6	,	7	2	$
		,			$

d)

5	3	,	0	4	$
− 1	6	,	0	3	$
		,			$

e)

7	0	,	6	2	$
− 2	5	,	5	1	$
		,			$

f)

8	4	,	1	7	$
− 3	9	,	0	9	$
		,			$

4. Jasmin a acheté une paire de mitaines pour 7,25 $ et un T-shirt pour 13,53 $. Combien Jasmin a-t-il dépensé au total?

5. Une bibliothèque a dépensé 270,25 $ sur des livres et 389,82 $ sur des films et de la musique. Combien la bibliothèque a-t-elle dépensé au totat?

6. Eric a acheté deux casquettes de baseball qui lui ont coûtées 21,30 $ chacune. Additionnez pour savoir combien il a payé au total.

7. Raj a 25 $. S'il achète un jeu de société pour 9,50 $ et un livre pour 10,35 $, en aura-t-il assez pour acheter un deuxième livre à 5,10 $.

8. Le prix régulier pour une paire de lunettes est 69,99 $. Elles sont en vente aujoud'hui seulement pour 10,50 $ la paire. Si Lynn achète ses lunettes aujourd'hui, combien payera-t-elle?

> **BONUS ▶** Si Lynn achète une paire de lunettes aujourd'hui et une la semaine prochaine, combien aura-t-elle payé au total?

9. Répondez à la question en regardant les items et les prix ci-bas.

a) Si vous achetez une paire de souliers, une caméra et une bouteille d'eau, combien payeriez-vous?

b) Que coûte plus : les souliers et un ballon de soccer ou les pantalons?

c) Pourriez-vous acheter une bouteille, d'eau, un chandail de hockey et des souliers avec 60 $? Expliquez comment vous avez trouvé votre réponse.

d) Quel est le coût total des trois articles les plus dispendieux?

> **BONUS ▶** Combien en coûterait-il pour acheter deux paires de pantalons? Expliquez comment vous pourriez utiliser une stratégie de calcul mental pour simplifier le calcul.

28,50 $ 42,89 $ 35,47 $ 49,95 $

12,30 $ 15,64 $

10. Essayez de trouver la réponse mentalement.

a) Combien 4 pains coûtent s'ils sont 2,10 $ chacun?

b) Les pommes coûtent 50 ¢ chacune. Combien pourriez-vous acheter de pommes avec 3,00 $.

c) Les marqueurs permanents coûtent 3,10 $ chacun. Combien pourriez-vous acheter de crayons avec 12,00 $

11. Sam a dépensé 3,27 $ sur des pommes, 563 ¢ sur des pêches et quatre dollars et quatre-vingt-six cents sur des raisins. Écrivez chaque montant en dollars. Utilisez du papier quadrillé pour trouver le total que Sam a dépensé.

LN5-58 Arrondir les décimales

1. Dessinez une flèche sur le 0 ou le 1 pour soit montrer si la décimale encerclée est plus près de 0 ou 1.

a)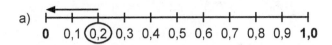

0   0,1 (0,2) 0,3 0,4 0,5 0,6 0,7 0,8 0,9 **1,0**

b)

0   0,1 0,2 0,3 0,4 0,5 0,6 (0,7) 0,8 0,9 **1,0**

c)

0   0,1 0,2 0,3 (0,4) 0,5 0,6 0,7 0,8 0,9 **1,0**

d)

0   0,1 0,2 0,3 0,4 0,5 (0,6) 0,7 0,8 0,9 **1,0**

2. a) Quels nombres décimaux sont entre 0 et 1,0 sont plus près de...

  i) 0? _____   ii) 1,0? _____

b) Pourquoi 0,5 est un cas spécial? _____

3. Dessinez une flèche pour montrer quel **nombre entier** vous arrondiriez le nombre encerclé vers.
Puis arrondissez au nombre entier le plus près.

a)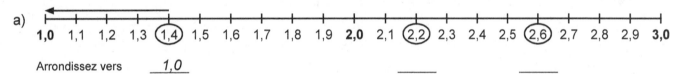

1,0 1,1 1,2 1,3 (1,4) 1,5 1,6 1,7 1,8 1,9 **2,0** 2,1 (2,2) 2,3 2,4 2,5 (2,6) 2,7 2,8 2,9 **3,0**

Arrondissez vers _____1,0_____   _____   _____

b)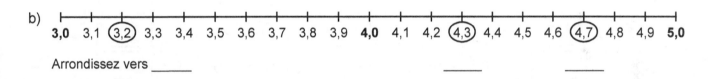

3,0 3,1 (3,2) 3,3 3,4 3,5 3,6 3,7 3,8 3,9 **4,0** 4,1 4,2 (4,3) 4,4 4,5 4,6 (4,7) 4,8 4,9 **5,0**

Arrondissez vers _____   _____   _____

4. Si l'énoncé est correct, écrivez ✓ dans la boîte. Si l'énoncé est incorrect, écrivez ✗
dans la boîte.

a) 3,6 est plus près de 3,0 que de 4,0.   [✗]   b) 1,4 est plus près de 1,0 que 2,0.   [✓]

c) 9,2 est plus près de 10,0 que de 9,0.   [ ]   d) 11,7 est plus près de 11,0 que 12,0.   [ ]

e) 25,6 est plus près de 26,0 que de 25,0.   [ ]   f) 111,7 est plus près de 111,0 que 112,0.   [ ]

g) 0,4 est plus près de 1,0 que de 0.   [ ]

BONUS ▶
1 009,4 est plus près de 1 010,0 que de 1 009,0.   [ ]

5. Dessinez une flèche afin de démontrer si le nombre encerclé est plus près de 0 ou 1,00.

a)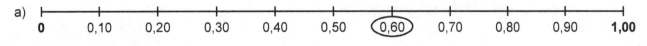

0   0,10   0,20   0,30   0,40   0,50   (0,60)   0,70   0,80   0,90   **1,00**

b)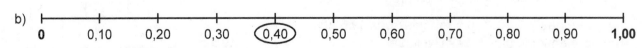

0   0,10   0,20   0,30   (0,40)   0,50   0,60   0,70   0,80   0,90   **1,00**

6. Dessinez une flèche afin de démontrer si le nombre encerclé est plus près de 0 ou 1,000.

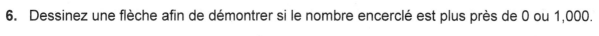

7. Dessinez une flèche pour montrer quel nombre entier vous arrondiriez le nombre encerclé vers.

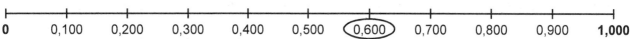

8. Dessinez une flèche pour montrer quel nombre entier vous arrondiriez le nombre encerclé vers.

RAPPEL ▶ Si le chiffre des dizaines dans les décimales est...

0, 1, 2, 3 ou 4 vous arrondissez *vers le bas*.   5 , 6, 7, 8, ou 9 — vous arrondissez *vers le haut*.

---

9. Arrondissez au nombre entier le plus près.

a)	2,2	2	b)	2,6	3	c)	7,3	
d)	5,8		e)	9,4		f)	8,5	
g)	11,1		h)	30,7		i)	19,6	

10. Arrondissez à la dixième la plus près. Soulignez les chiffres des dixième en premier.
Puis mettez votre crayon sur le chiffre placé à la droite (le chiffre des centièmes).
Ce chiffre vous dira si vous devez arrondir vers le haut ou le bas.

a)	1,4<u>5</u>	1,5	b)	1,83		c)	3,61	
d)	3,42		e)	5,55		f)	6,67	
g)	6,56		h)	8,47		i)	9,38	
j)	7,94		k)	4,97		l)	9,96	

11. Un aquarium à poissons est 20,0 de creux. Il a une ligne marquée à 19,6 cm.
Les directives disent : MISE EN GARDE : NE PAS REMPLIR AU-DELÀ
DE CETTE LIGNE.

a) Quel est le nombre entier le plus proche de 19,6?

b) Dans ce cas, pourquoi n'arrondiriez pas 19,6 au
nombre entier le plus près? Expliquez.

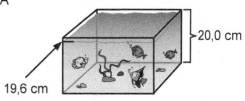

LN5-59 Estimer les sommes et les différences pour les décimales

Les mathématiciens utilisent ce symbole $\approx$ pour signifier « **approximativement égal à** ».

1. Estimez la somme ou la différence en utilisant les pièces des nombres entiers de la décimale.
   Exemple : Pour **14**,35 + **0**,23 + **5**,74, estimez **14** + **0** + **5** = 19

   a) $3,9 + 4,25 \approx$ ___ + ___ = ___

   b) $7,03 - 5,42 \approx$ ___ – ___ = ___

   c) $3,2 + 5,1 + 4,6 \approx$ ___ + ___ + ___ = ___

   d) $9,6 - 3,0 - 4,9 \approx$ ___ – ___ – ___ = ___

2. Estimez en arrondissant au nombre entier le plus proche, Puis additionnez ou soustrayez.

   a) 3,2 | 3 |
      + 1,3 + | 1 |
      _____
              4

   b) 1,6 | |
      + 0,6 + | |
      _____

   c) 5,6 | |
      – 3,1 – | |
      _____

   d) 6,8 | |
      – 0,5 – | |
      _____

   e) 1,9 | |
      + 0,8 + | |
      _____

   f) 0,4 | |
      – 0,2 – | |
      _____

   g) 8,6 | |
      + 1,1 + | |
      _____

   h) 29,8 | |
      + 68,9 + | |
      _____

   i) $0,6 + 0,3$

   j) $0,9 - 0,4$

   k) $2,6 + 0,5$

   l) $3,5 - 0,5$

   m) $1,3 - 1,2$

   n) $1,5 + 0,9$

   o) $2,1 - 0,7$

   BONUS ▶
   $2\,001,4 - 0,9$

3. Estimez en arrondissant à la dizaine la plus près. Puis additionnez ou soustrayez.

   a) 0,42 ⟶ | 0,4 |
      + 5,23 ⟶ + | 5,2 |
      _____
              5,6

   b) 0,28 ⟶ | |
      + 0,14 ⟶ + | |
      _____

   c) 2,62 ⟶ | |
      – 0,19 ⟶ – | |
      _____

   d) 4,87 ⟶ | |
      – 4,57 ⟶ – | |
      _____

   e) $0,73 + 2,17 \approx \underline{0,7 + 2,2 = 2,9}$

   f) $0,89 - 0,46 \approx$ _____

   g) $0,63 + 0,26 \approx$ _____

   h) $3,82 - 2,47 \approx$ _____

   i) $0,48 + 2,27 \approx$ _____

   j) $126,42 - 126,37 \approx$ _____

4. La dizaine des décimales qui peut être arrondie à 7 vient de 6,5 ou 7,4. Quelles dizaines de décimales pourrait être arrondie à 17? Expliquez comment vous le savez.

Pour les Questions 5 et 7, estimez la réponse avant de calculer.

5. Mary veut acheter un sac à dos pour 24,99 $, une raquette de tennis pour 36,50 $ et un chandail de hockey pour 19,99 $. Combien les trois items ensemble coûteront-ils?

6. La température moyenne à Saint-John, TN en avril est de 1,9 °C. La température moyenne à Saint-John, TN en août est de 15,5 °C. Quelle est le différence entre les deux températures moyennes?

7. L'école est 1,7 km de la bibliothèque et 2,3 km de la maison. La bibliothèque est 0,7 km de la maison.

   a) Trouvez la distance de la maison à l'école vers la bibliothèque et revenir vers la maison.

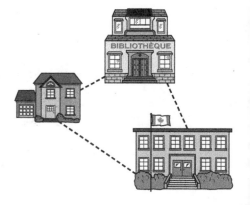

   b) Combien plus loin est l'école de la bibliothèque que la bibliothèque est de la maison?

8. À une rencontre d'athlétisme, l'élève qui a réussi le saut en longueur de 2,37 m a gagné le premier prix. Le second prix a été à l'élève qui a sauté 2,19 m.

   a) La différence entre les sauts est de plus ou moins 10 cm?

   b) Arrondissez les deux sauts à la dizaine la plus près. Quelle est la différence entre les montants arrondis?

   c) Inventez deux sauts qui s'arrondiraient au même nombre lorsque vous arrondissez aux dizaines.

LN5-60 Multiplier les décimales par des puissances de 10

 = 1,0 | = 0,1 $10 \times$ | $=$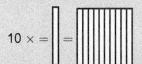

Si un bloc de centaines représente 1 entier,
un bloc de dizaines représente donc 1 dixième (ou 0,1) et

10 dixièmes font 1 entier :
$10 \times 0,1 = 1,0$

1. Multipliez le nombre des blocs de dizaines par 10. Puis montrez combien de blocs de centaines il y a pour compléter l'énoncé de la multiplication.

a)

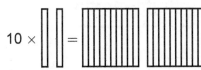

$10 \times 0,2 = \underline{\quad 2 \quad}$

b)

$10 \times \; ||| \; =$

$10 \times 0,3 = \underline{\qquad}$

c)

$10 \times \; |||| \; =$

$10 \times 0,5 = \underline{\qquad}$

2. Multipliez par 10 en déplaçant le point de la décimale d'une position vers la droite.

a) $10 \times 0,5 = \underline{\quad 5 \quad}$

b) $10 \times 2,6 = \underline{\qquad}$

c) $10 \times 1,4 = \underline{\qquad}$

d) $10 \times 2,4 = \underline{\qquad}$

e) $3,5 \times 10 = \underline{\qquad}$

f) $14,5 \times 10 = \underline{\qquad}$

g) $10 \times 2,06 = \underline{\quad 20,6 \quad}$

h) $10 \times 12,75 = \underline{\qquad}$

i) $10 \times 97,6 = \underline{\qquad}$

Pour convertir des mètres aux centimètres, vous multipliez par 100. Il y a 100 cm dans 1 m.

1 m

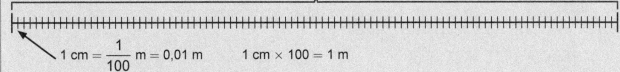

$1 \text{ cm} = \dfrac{1}{100} \text{ m} = 0,01 \text{ m}$ $1 \text{ cm} \times 100 = 1 \text{ m}$

3. Convertir la mesure de mètres aux centimètres.

a) $0,4 \text{ m} = \underline{\qquad} \text{ cm}$

b) $0,8 \text{ m} = \underline{\qquad} \text{ cm}$

c) $3,4 \text{ m} = \underline{\qquad} \text{ cm}$

4. 10×5 peut être écrit telle une somme : $5 + 5 + 5 + 5 + 5 + 5 + 5 + 5 + 5 + 5$.
Écrivez $10 \times 0,5$ comme une somme et comptez en sautant un 0,5 pour trouver la réponse.

5. Un pièce de 10 cents est le dixième d'un dollar ($10 ¢ = 0,10 \$$). Dessinez une illustration ou utilisez de l'argent Monopoly pour montrer que $10 \times 0,10 \$ = 1,00 \$$.

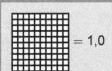 = 1,0

Si un bloc de centaines représente 1 entier, donc

□ = 0,01

un bloc d'unités représente 1 centième (ou 0,01) et

100 × = □ =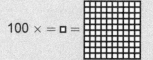

100 centièmes font 1 entier : 100 × 0,01 = 1,00

6. Écrivez un énoncé de la multiplication pour l'illustration.

a)
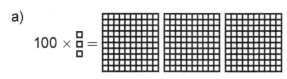

$\underline{\quad 100 \times 0,03 \quad}$ = _____

b)
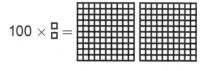

_____ = _____

L'image montre pourquoi le point décimale se déplace deux positions vers la droite lorsque vous multipliez par 100 :

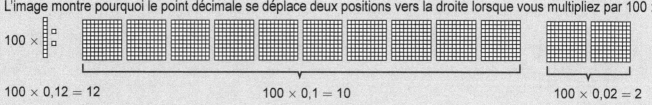

100 × 0,12 = 12   100 × 0,1 = 10   100 × 0,02 = 2

7. Multipliez par 100. Faites votre brouillon sur la grille.

a) 100 × 0,8   = $\underline{\quad 80 \quad}$
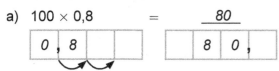

b) 100 × 3,5   =   _____
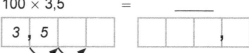

c) 7,2 × 100   =   _____
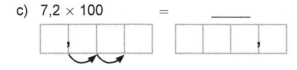

d) 6,0 × 100   =   _____
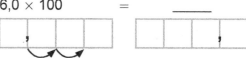

e) 100 × 0,34   =   _____
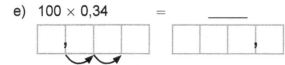

f) 100 × 0,7   =   _____

Nous pouvons utiliser un zéro comme bouche-trou lorsqu'on multiplie les décimales. Exemple : 2,35 × 1 000 :

 = 2 350

Écrivez 0 comme bouche-trou.

BONUS ▶ Multipliez par 1 000 en déplaçant le point de la décimale trois positions vers la droite.

a) 1 000 × 0,93 = _____   b) 6,32 × 1 000 = _____   c) 1 000 × 0,72 = _____

8. a) Remplissez le tableau.

Mètres	1	2		4		6
Centimètres	*100*		300		500	

b) Pour convertir une mesure des mètres vers les centimètres, vous multipliez par _____.

c) Écrivez « plus » ou « moins » dans le champ vierge : Pour changer la mesure de l'unité plus grande vers celle plus petite, vous aurez besoin _____ de l'unité plus petite.

d) Écrivez « m » ou « cm » dans les champs vierges : Dans la mesure 6,04 m le 6 est égal à _____ et le 4 est égal à _____.

e) Écrivez « autant grand que » ou « autant petit que » dans les champs vierges : Les mètres sont 100 fois _____ centimètres et les centimètres sont 100 fois _____ mètres.

RAPPEL ▶ Pour multiplier une décimale par 100, déplacez le point décimal deux positions vers la droite.

9. Convertissez la mesure des mètres aux centimètres en multipliant par 100.

a) 5,0 m × 100 = ___*500*___ cm

b) 0,2 m × 100 = _____ cm

c) 0,83 m × 100 = _____ cm

d) 4,9 m × 100 = _____ cm

RAPPEL ▶ Il y a 1 000 m dans 1 km. Pour convertir en kilomètres en mètres, multipliez par 1 000.

10. Convertissez la mesure de kilomètres en mètres en multipliant en 1 000.

a) 8,0 km × 1 000 = ___*8 000*___ m

b) 2,4 km × 1 000 = _____ m

c) 0,16 km × 1 000 = _____ m

d) 0,04 km × 1 000 = _____ m

11. Convertissez la mesure.

a) 0,9 km × ___*1 000*___ = _____ m

b) 3,7 m × _____ = _____ cm

c) 1,04 m × _____ = _____ cm

d) 9,02 km × _____ = _____ m

12. Kim pense que 0,15 km plus 48 m équivaut à 48,15 m.

a) Sa réponse est-elle correct? _____

b) Si sa réponse n'est pas correcte, expliquez son erreur et additionnez les longueurs correctement.

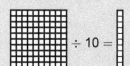

Divisez 1 entier en 10 parties
égales; chaque partie est 1 dixième.
$1,0 \div 10 = 0,1$

$\div 10 = \square$

Divisez 1 dizaines en 10 parties
égales; chaque partie est 1 centième.
$0,1 \div 10 = 0,01$

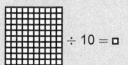

Divisez 1 entier en 100 parties
égales; chaque partie est 1 centième.
$1,0 \div 100 = 0,01$

1. Complétez l'image et écrivez une division.

a)

$\underline{\quad 3,0 \div 10 \quad} = \underline{\quad 0,3 \quad}$

b)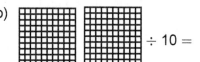

$\underline{\qquad\qquad} = \underline{\qquad}$

c)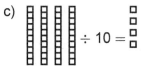

$\underline{\quad 0,4 \div 10 \quad} = \underline{\qquad}$

d)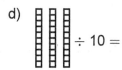

$\underline{\qquad\qquad} = \underline{\qquad}$

e)

$\underline{\qquad\qquad} = \underline{\qquad}$

f)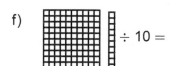

$\underline{\quad 1,1 \div 10 \quad} = \underline{\qquad}$

g)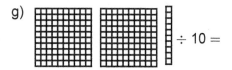

$\underline{\qquad\qquad} = \underline{\qquad}$

h)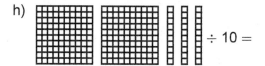

$\underline{\qquad\qquad} = \underline{\qquad}$

RAPPEL ▶ La division peut être utilisée pour « défaire » une multiplication.　$4 \xrightarrow{\times 2} 8$ et $8 \xrightarrow{\div 2} 4$

2. Comment défaites-vous une multiplication par 100 ou 1 000?

　a) Pour multiplier par 100, déplacez le point décimal _____ positions vers _____,

　　afin de diviser par 100, déplacez le point décimal _____ positions vers _____.

　b) Pour multiplier par 1 000, déplacez le point décimal _____ positions vers _____,

　　afin de diviser par 1 000, déplacez le point décimal _____ positions vers _____.

3. Déplacez le point décimal une ou deux positions vers la gauche. Dessiez une flèche pour montrer le déplacement.

a) 0,4 ÷ 10 = ___,04 ou 0,04___
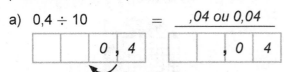

b) 0,7 ÷ 10 = _____
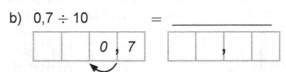

c) 0,6 ÷ 10 = _____
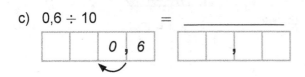

d) 3,1 ÷ 10 = ___0,31___
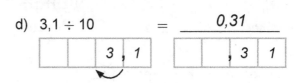

e) 15,0 ÷ 10 = _____

f) 81,4 ÷ 10 = _____
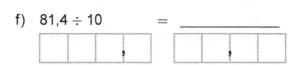

g) 25,4 ÷ 10 = _____
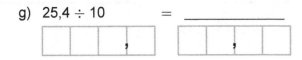

h) 23,0 ÷ 10 = _____
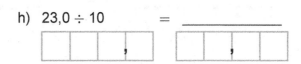

i) 0,5 ÷ 100 = ___0,005___
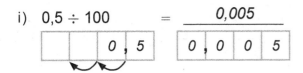

j) 7,0 ÷ 100 = _____
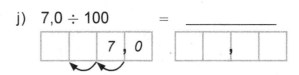

k) 9,1 ÷ 100 = _____

l) 91,0 ÷ 100 = _____
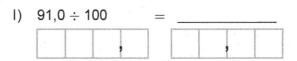

4. a) Pour multiplier par 10, déplacez le point décimal ___1___ position vers ___droite___.

b) Pour multiplier par 1 000, déplacez le point décimal _____ positions vers _____.

c) Pour multiplier par 10 000, déplacez le point décimal _____ positions vers _____.

d) Pour diviser par 100, déplacez le point décimal _____ positions vers _____.

e) Pour diviser par 10, déplacez le point décimal _____ position vers _____.

f) Pour multiplier par 100, déplacez le point décimal _____ positions vers _____.

g) Pour _____ par 10, déplacez le point décimal _____ position vers la gauche.

h) Pour _____ par 100, déplacez le point décimal _____ positions vers la droite.

i) Pour _____ par 10, déplacez le point décimal _____ position vers la droite.

j) Pour _____ par 100, déplacez le point décimal _____ positions vers la gauche.

k) Pour _____ par 1 000, déplacez le point décimal _____ positions vers la droite.

LN5-62 Décimales contextualisées

1. Dessinez une image pour montrer 1 dixième d'un entier. Pour les parties b) et c), dessinez uniquement le pourtour de la forme.

a)

1 entier   1 dixième

b)

1 entier   1 dixième

c)

1 entier   1 dixième

2. Additionner. Vous devrez regrouper.

a)
1	4	,	8	6	$
+ 3	3	,	0	4	$
		,			$

b)
8	2	,	3	1	$
+		8	,	4	9	$
		,			$

c)
2	5	,	8	7	$
+ 5	2	,	2	8	$
		,			$

3. Soustraire.

a)
8	3	,	6	7	$
− 1	2	,	3	6	$
		,			$

b)
2	1	,	2	4	$
−	1	,	1	3	$
		,			$

c)
4	7	,	6	9	$
− 2	3	,	0	8	$
		,			$

4. Soustraire. Vous devrez regrouper.

a) 65,47 $ − 12,38 $

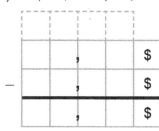

b) 11,24 $ − 2,17 $

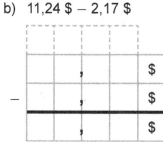

c) 58,25 $ − 47,26 $

5. Alex dit que ça lui prendrait plus long de parcourir 2,50 km à vélo que ça lui prendrait pour 2,5 km car 2,50 est plus long que 2.5 comme distance. Êtes-vous d'accord avec la pensée d'Alex? Expliquez pourquoi oui ou non.

6. Écrivez le montant en dollars.

a) 808 ¢ = _____ $ b) 6 ¢ = _____ $ c) 92 ¢ = _____ $

7. Marko a 10,25 $. Sandy dit qu'elle a deux fois plus que Marko. Combien ont Mark et Sandy ensemble? Expliquez votre pensée.

8. Nina a dépensé 4,99 $ pour un coffre à crayons, 7,20 $ sur un livre et 35,15 $ sur une calculatrice. Combien d'argent a-t-elle dépensé au total?

9. Jayden veut acheter une planche à roulettes qui coûte 53,25 $. Il gagne 10 $ lorsqu'il coupte la pelouse de quelqu'un et 15 $/heure pour garder des enfants. S'il garde pour 4 heures, il gagnera 4 × 15 $ = 60 $ et il aura assez d'argent pour s'acheter sa planche à roulettes.

a) Combien de pelouses devra-t-il couper afin d'être capable de s'acheter sa planche à roulettes sans faire du gardiennage?

b) Déterminez une combinaison de gardiennage et de coupes de pelouses que Jayden pourrait faire pour gagner assez d'argent pour acheter sa planche à roulettes. Indice : Il y a plusieurs combinaisons possible.

10. Arrondissez au nombre entier le plus près.

a) 3,4 ☐   b) 5,5 ☐   c) 100,1 ☐

11. Arrondissez à la dizaine la plus près.

a) 19,50 ☐   b) 7,06 ☐   c) 0,06 ☐

12. Estimez en arrondissant les deux nombres aux dizaines les plus près. Puis utilisez du papier quadrillé pour additionner ou sosutraire.

a) 1,64 + 18,75   b) 23,07 − 17,09   c) 104,43 + 0,09   **BONUS ▶** 99,96 − 49,87

13. Rick veut acheter deux billets d'enfant et 1 d'adulte pour un film. Les billets d'enfants coûtent 6,25 $ chaque et les billets d'adultes coûtent 13,25 $ chacun. Il a 25,00 $. A-t-il assez d'argent?

a) Estimez en arrondissant au nombre entier le plus près. Écrivez « oui » ou « non » dans le champ vierge.

b) Calculez. Écrivez « oui » ou « non » dans le champ vierge.

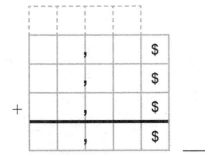

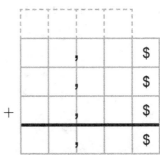

c) Si vous arrondissez à la dizaine la plus près au lieu du nombre entier le plus près dans la partie a), votre réponse aura-t-elle changée? Expliquez.

G5-12 Colonnes et rangées

1. Joignez les points sur la colonne, la rangée données ou les deux.

a) Colonne 2

b) Rangée 3

c) Rangée 1

d) Colonne 1

e) Colonne 2, Rangée 1 f) Colonne 2, Rangée 3 g) Colonne 3, Rangée 1 h) Colonne 1, Rangée 2

2. Encerclez le point à la position donnée.

a) Colonne 2, Rangée 1 b) Colonne 3, Rangée 2 c) Colonne 3, Rangée 1 d) Colonne 2, Rangée 2

3. Encerclez le point où les deux lignes se rencontrent. Puis identifiez la colonne et la rangée de ce point.

a)

b)

c)

d)

Colonne _____

Colonne _____

Colonne _____

Colonne _____

Rangée _____

Rangée _____

Rangée _____

Rangée _____

4. Identifiez la colonne et la rangée pour le point encerclé.

a)

b)

c)

d)

Colonne _____

Colonne _____

Colonne _____

Colonne _____

Rangée _____

Rangée _____

Rangée _____

Rangée _____

Vous pouvez écrire les colonnes et les rangées pour un point entre parenthèses. Toujours écrire la colonne en premier.

$(5, 3)$

colonne   rangée

5. Encerclez le point à la position donnée.

a) (2, 1)

```
3 • • •
2 • • •
1 • • •
  1 2 3
```

b) (3, 3)

```
3 • • •
2 • • •
1 • • •
  1 2 3
```

c) (1, 2)

```
3 • • •
2 • • •
1 • • •
  1 2 3
```

d) (2, 3)

```
3 • • •
2 • • •
1 • • •
  1 2 3
```

e) (3, 1)

```
3 • • •
2 • • •
1 • • •
  1 2 3
```

f) (3, 2)

```
3 • • •
2 • • •
1 • • •
  1 2 3
```

g) (1, 3)

```
3 • • •
2 • • •
1 • • •
  1 2 3
```

h) (2, 2)

```
3 • • •
2 • • •
1 • • •
  1 2 3
```

Vous pouvez utiliser des lettres au lieu de nombres pour étiqueter les colonnes et les rangées.

6. Encerclez le point à la position donnée.

a) (A, 3)

```
3 • • •
2 • • •
1 • • •
  A B C
```

b) (Y, B)

```
C • • •
B • • •
A • • •
  X Y Z
```

c) (0, 2)

```
3 • • •
2 • • •
1 • • •
  0 1 2
```

d) (0, 0)

```
2 • • •
1 • • •
0 • • •
  0 1 2
```

e) (A, C)

```
D • • • •
C • • • •
B • • • •
A • • • •
  A B C D
```

f) (2, X)

```
Z • • • •
Y • • • •
X • • • •
W • • • •
  1 2 3 4
```

g) (4, 1)

```
4 • • • •
3 • • • •
2 • • • •
1 • • • •
  1 2 3 4
```

h) (3, 4)

```
4 • • • •
3 • • • •
2 • • • •
1 • • • •
  1 2 3 4
```

7. Écrivez la position du point encerclé. Rappelez-vous : la colonne est toujours donnée en premier.

a)
```
3 • ⊙ •
2 • • •
1 • • •
  1 2 3
```

(_____, _____)

b)
```
3 • • •
2 • • ⊙
1 • • •
  1 2 3
```

(_____, _____)

c)
```
3 • • •
2 ⊙ • •
1 • • •
  1 2 3
```

(_____, _____)

d)
```
3 • • •
2 • • •
1 • • ⊙
  1 2 3
```

(_____, _____)

G5-13 Grilles de coordonnées

Une **paire ordonnée** est une paire de nombres entre parenthèses qui donne la position d'un point sur une grille coordonnée. Les nombres sont appelés **coordonnées** du point.

A (3, 1)   B (1, 3)

x-coordonnées   y-coordonnées   x-coordonnées   y-coordonnées

La coordonnée x est toujours écrite en premier.

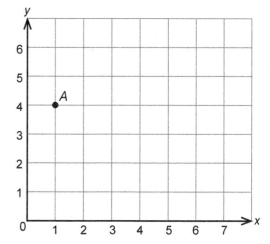

1. a) Tracez et identifiez les points sur la grille coordonnée.
      Biffez les coordonnées en vous en allant.

   A (1, 4)   B (1, 6)   C (2, 5)

   D (3, 6)   E (4, 5)   F (5, 6)

   G (6, 5)   H (7, 6)   I (7, 4)

   b) Joignez les points en ordre alphabétique. Puis joignez A à I.

   c) L'image que vous avez faite ressemble à quoi?

   _____

Nous utilisons les droites numériques pour marquer les lignes quadrillées.
Les droites numériques sont appelées **axes**.
Une droite numérique est appelée un **axe**.
Les axes se rencontrent au point (0, 0) appelé l' **origine**.

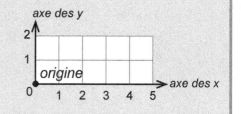

2. a) Remplissez les coordonnées pour les points donnés.

   A (_1_ , _3_)   B (__ , __)   C (__ , __)

   D (__ , __)   E (__ , __)   F (__ , __)

   G (__ , __)   H (__ , __)   I (__ , __)

   J (__ , __)   K (__ , __)   L (__ , __)

   b) Quels points sont situés sur l'axe x? _____

   c) Quels points sont situés sur l'axe y? _____

   d) Quels points sont situés sur les deux axes? _____

   e) Quel point est l'origine? _____

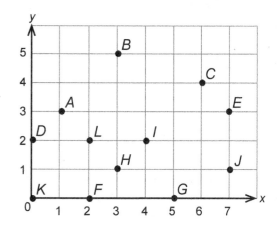

3. a) Tracez et identifiez les points sur la grille coordonnée.
Biffez les coordonnées pendant que vous les tracez.

A (0, 4)   B (0, 5)   C (5, 5)

D (5, 4)   E (3, 4)   F (3, 0)

G (2, 0)   H (2, 4)

b) Joignez les points en ordre alphabétique. Puis joignez A à H.

c) Quelle lettre avez-vous dessinée? _____

4. a) Trouvez les coordonnées des points.

A (__1__, __9__)   B (_____, _____)

C (_____, _____)   D (_____, _____)

E (_____, _____)   F (_____, _____)

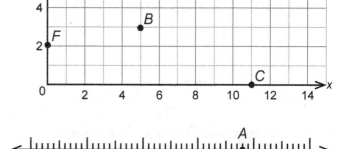

b) Tracez et étiquetez les points.

G (4, 6)   H (7, 10)   I (10, 7)

J (5, 9)   K (3, 0)   L (0, 7)

M (13, 11)   N (7, 5)   O (0, 0)

5. a) Marquez les points sur la droite numérique.

A 38   B 14   C 27   D 49

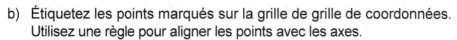

b) Étiquetez les points marqués sur la grille de grille de coordonnées.
Utilisez une règle pour aligner les points avec les axes.

A (5, 15)   B (50, 20)

C (48, 3)   D (0, 13)

E (15, 10)   F (30, 26)

BONUS ▶ Utilisez une règle pour marquer
les points sur la grille de coordonnées.

G (5, 0)   H (25, 10)

I (40, 15)   J (35, 5)

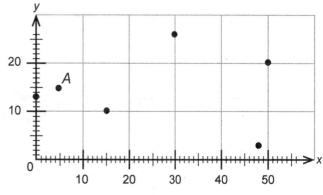

6. a) Dessinez une grille grille de coordonnées sur du papier quadrillé de 1 cm.
Compter en sautant par 5 pour étiqueter les axes.

b) Tracez les points dans chaque groupe et joignez-les afin de créer un polygone.
Identifiez les polygones.

i) Q (10, 0), R (5, 10), S (20, 15)   ii) T (5, 15), U (5, 25), V (20, 25), W (20, 15)

Géométrie 5-13   83

G5-14 Congruence et symétrie

Karen place les formes une par dessus les autres. Elle essaie que les formes se coordonnent.

Si les formes sont exactement coordonnées, les formes sont **congruentes**.

Les formes congruentes ont les mêmes dimensions et formes.

Figures congruentes   Figures non congruentes

1. Les formes sont-elles congruentes? Répondez « oui » ou « non ».

a) 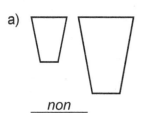   b)    c) 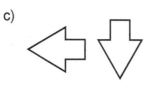   d)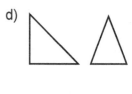

    non   _____   _____   _____

e) 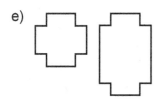   f) 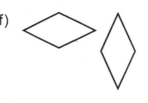   g) 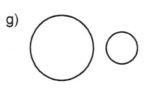   h)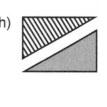

    _____   _____   _____   _____

2. Encerclez les deux formes congruentes.

a) 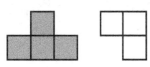   b)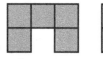

c)    d)

3. Dessinez une forme congruente sur la forme nuancée. Puis dessinez un autre polygone du type donné qui n'est pas congruent avec la forme nuancée.

a) un carré   b) un triangle

4. Choisissez deux formes de la Question 3 partie a) qui ne sont pas congruentes. Expliquez pourquoi elles ne sont pas congruentes.

5. Jax dessine une ligne pour couper la forme en deux parties. Est-ce que les parties de la forme sont congruentes ?

a)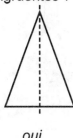

oui

b)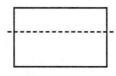

_____

c)

_____

d)

_____

Lorsque vous pouvez plier la forme en deux afin que ces deux parties se coordonnent exactement, le pli est appelé une **ligne de symétrie**.

Les parties se coordonnent exactement.

pli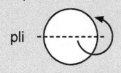

ligne de symétrie

Les parties ne se coordonnent pas.

pli

pas une ligne de symétrie

---

6. La ligne pointillée est-elle une ligne de pointillé?

a)

oui

b)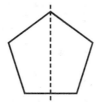

_____

c)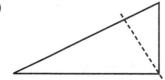

_____

d)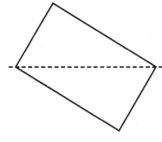

_____

e)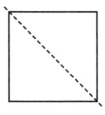

_____

f)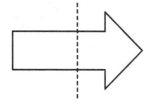

_____

7. Dessinez une ligne de symétrie. Utilisez une règle.

a)

b)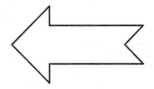

c)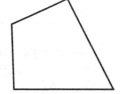

8. Dessinez toutes les lignes de symétrie pour la forme.

a)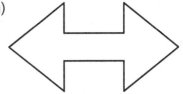

b)

c)

d)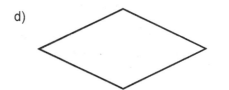

e)

f)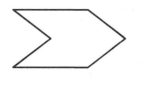

9. La ligne pointillée est la ligne de symétrie. Dessinez la partie manquante de l'image. Utilisez une règle.

a)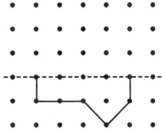

b)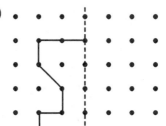

c)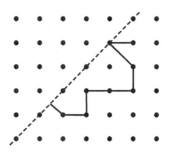

BONUS ▶ Dessinez les parties manquantes. Puis dessinez une autre ligne de symétrie.

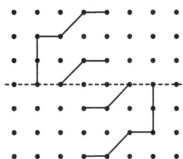

10. Dessinez une image qui a une ligne de symétrie dans la direction donnée.

a) horizontal

b) vertical

c) diagonal

11. Dessinez une figure avec plus d'une ligne de symétrie. Combien de lignes of symétrie a-t-elle? Quelles sont les lignes de symétrie?

BONUS ▶ Dessinez une forme qui possède plus de 6 lignes de symétrie.

G5-15 Translations

Josh glisse un point d'une position vers une autre. Pour déplacer le point d'une position 1 à la position 2, Josh glisse le point 4 unités vers la droite. En mathématiques, les glissements sont appelés **des translations**.

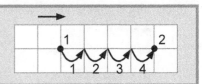

1. Combien d'unités **droites** le point a t-il glissé de la position 1 à la position 2?

a)
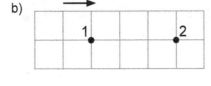

_____ unités à droite

b)
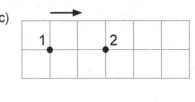

_____

c)

_____

2. Combien d'unités **à gauche** le point a t-il glissé de la position 1 à la position 2?

a)
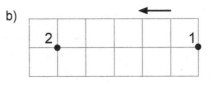

_____ unités à gauche

b)
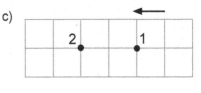

_____

c)

_____

3. Suivez les directives pour faire une translation du point à la nouvelle position.

a) 3 unités à droite
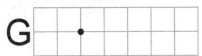

b) 2 unités à gauche

c) 6 unités à droite
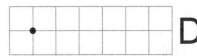

4. Décrivez la translation du point de la position 1 à la position 2.

a)
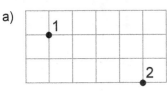

_____ unités à droite

_____ unités en bas

b)
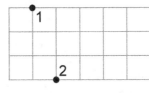

_____ unités à droite

_____ unités en bas

c)
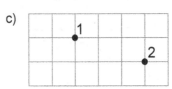

_____ unités à droite

_____ unités en bas

5. Faire une translation du point.

a) 5 unités à droite,
    3 unités en bas

b) 5 unités à gauche,
    1 unité en haut

c) 4 unités à gauche,
    3 unités en bas
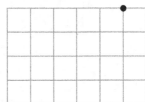

6. Copiez la forme nuancée sur la seconde grille. (Assurez-vous que votre forme est dans la même position par rapport au point.)

a)   b)   c)   d)

e)   f)   g)   h)

7. Copiez cette forme sur une seconde grille.

a) 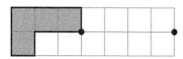   b) 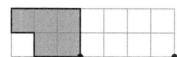   c)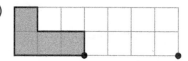

Lorsque vous glissez une forme, la forme dans la nouvelle position est appelée l' **image**.

---

8. Glissez la forme 4 unités vers la droite. Assurez-vous que le point est à la bonne position sur l'image.

a) 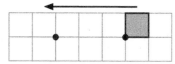   b) 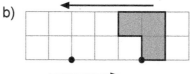   c)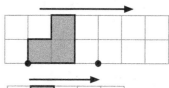

9. Glissez la forme 3 unités dans la direction montrée. D'abord glissez le point, puis copiez la forme.

a)    b) 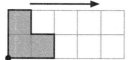   c)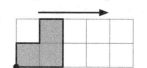

d)   e)   f)

10. Glissez le point trois unités vers le bas, puis copiez la forme.

a) 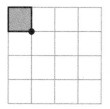   b) 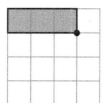   c) 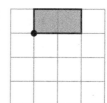   d)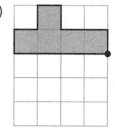

Pour faire la translation d'une forme 4 unités vers la droite et 1 unités vers le haut :

Étape 1 : Dessinez un point sur un coin d'une forme.

Étape 2 : Glissez le point 4 unités vers la droite et 1 unité vers le bas.

Étape 3 : Dessinez l'image de la figure.

Vous pouvez dessiner une **flèche de translation** pour démontrer le glissement direct.

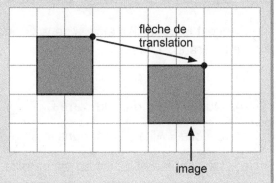

11. Glissez la forme 4 unités vers la droite. Dessinez une flèche de translation.

a)

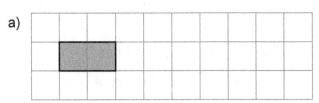

b)

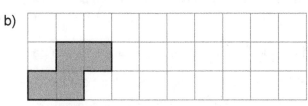

c)

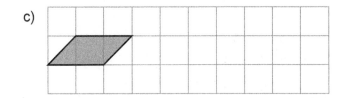

d)

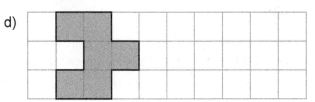

12. Glissez la forme 5 unités vers la droite et 2 unités vers le bas. Dessinez une flèche de translation.

a)

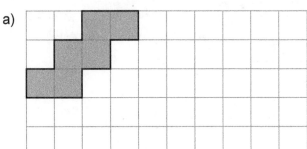

b)

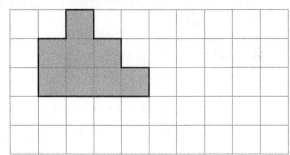

13. Une paire de formes peuvent être créées par une translation? Si cela est le cas, décrivez la translation. Sinon, expliquez pourquoi non.

a)

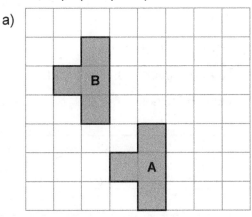

b)

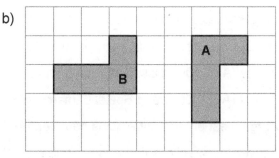

1. Ceci est la carte des étoiles de la Grande Ourse, laquelle est une partie de la constellation de la Grande Ourse.

a) Quelle étoile dans le carré E3? _____

b) Quelle étoile dans le carré C3? _____

c) L'étoile « Alkaid » est dans le carré _____.

d) La Nébuleuse du Hibou est dans le carré _____.

Qu'est-ce qui se trouve dans cet carré? _____

e) Combien de carrés vers le haut à partir de la Nébuleuse du Hibou se trouve la Galaxie de Bode? _____

f) Quelle étoile se trouve 2 carrés vers la gauche et 1 carré vers le haut à partir de Phecda? _____

BONUS ▶ La Galaxie du Moulinet est localisée deux carrés vers la gauche et un carré vers le haut à partir d'Alioth. Marquez la galaxie sur la carte. Dans quel carré est-elle localisée? _____

2. Cette carte montre une partie de l'île du Chat Sauvage où les pirates ont enterré de l'or, de l'argent et des armes. Remplissez les directions.

a) Du Grand Sapin, marchez ___10___ foulées (pas) ___à l'ouest___ vers le Rocher Rouge.

b) Du Rocher Rouge, marchez _____ foulées au nord vers le Grand Bouleau.

c) Du Rocher Rouge, marchez _____ foulées _____ et _____ foulées vers l'est au Buisson de Roses.

d) Du Buisson de Roses, marchez _____ foulées _____ et _____ foulées_____ vers le Grand Sapin.

e) Du Grand Sapin, marchez _____ et _____ vers le Grand Bouleau.

3. Marquez sur la carte à la Question 2 le point où un trésor est caché.

a) Or (O) : Du Grand Sapin, marchez 5 foulées vers l'est et 10 foulées vers le nord.

Armes (AM) : Du Buisson de Roses, marchez 10 foulées vers l'ouest et 5 foulées vers le sud.

Argent (AG) : Du Grand Bouleau, marchez 10 foulées vers le sud et 5 foulées vers l'est.

b) L'argent est enterré entre quels deux repères? _____

c) Écrivez les directions pour marcher de l'or à l'argent.

_____

_____

4. Cette carte montre toute l'Île du Chat Sauvage. Chaque carré sur la carte mesure 2 km de long.

a) Le Lac Rond est localisé au point (4, 8). Qu'est-ce qui est localisé à chaque point?

(6, 4) _____

(6, 10) _____

(10, 7) _____

(12, 10) _____

Île du Chat Sauvage

b) Donnez les coordonnées pour chaque repère.

Vieux Phare _____

Tour de guet sur la colline _____

Le Fort _____

c) Décrivez le repère localisé à chaque point décrit.

2 km à l'est du Fort _____

4 km au sud du Lac Rond _____

BONUS ▶ 2 km au nord et 3 km à l'ouest du Trésor _____

d) Remplissez les champs vierges.

Du Lac Rond, le Vieux Phare est situé à __10__ km ___à l'est___.

Du Fort, marchez _____ km _____ vers le Trésor.

Du Trésor, la Cave de l'ours est _____ km _____.

Pour marcher de la Cave de l'ours vers la Tour de guet sur la colline

marchez _____ km _____ et _____ km au sud.

De la Falaise du Croc, marchez _____ km _____ et _____ km.

_____ vers la Source Limpide.

Du Fort, marchez _____ vers la Cave de l'ours.

De la Tour de guet sur la colline au Trésor, voyagez _____.

Du Vieux Phare vers la Cave de l'ours, voyagez _____.

e) Écrivez votre propre question pour demander des directions et utiliser la carte. Demandez à votre acolyte d'y répondre.

_____

_____

_____

G5-17 Réflexions

1. Dessinez une ligne de symétrie.

a)

b)

c)

2. La ligne en pointillé est la ligne miroir. Dessinez l'image miroir.

a)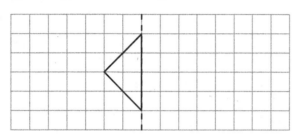

b)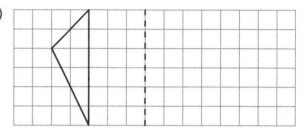

c)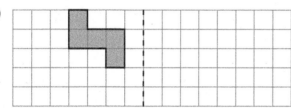

d)

3. a) La ligne pointillée est la ligne de de réflexion. Dessinez l'image miroir.

i)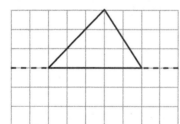

ii)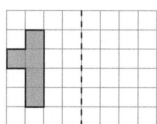

iii)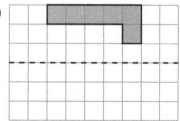

b) Pour chaque forme à la partie a), choisissez un vertex de la forme d'origine. Dessinez une point sur ce sommet et une point sur l'image de ce point. Remplissez le tableau.

	Distance entre le sommet d'origine et la ligne de réflexion	Distance entre le sommet d'origine et la ligne de réflexion
i)		
ii)		
iii)		

c) Que remarquez-vous à propos de vos réponses à la partie b)?

_____

_____

4. Dessinez les réflexions de la forme et les points dans la ligne.

a)
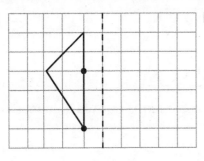

b)
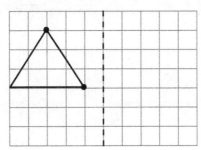

c)
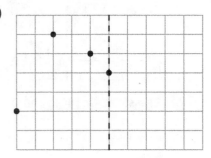

d)
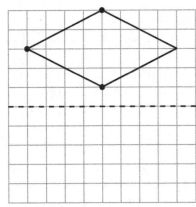

e)
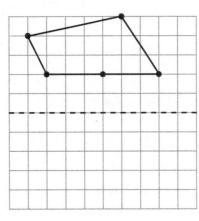

f)
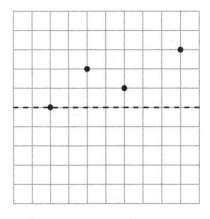

5. Dessinez la réflexion de la figure en trouvant en premier lieu les réflexions de ses sommets.

a)
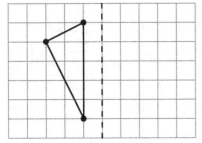

b)
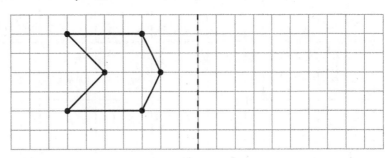

c)
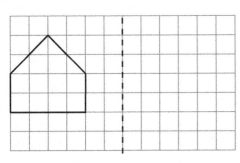

d)
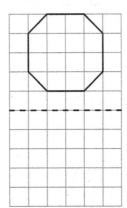

BONUS ▶
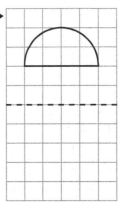

6. a) Prolongez la tendance en reflétant les formes sur les lignes verticales.

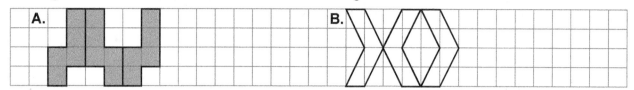

b) Dessinez la 14ᵉ forme dans la tendance A.

c) Dessinez la 67ᵉ forme dans la tendance A.

d) Dessinez la 17ᵉ forme dans la tendance B.

e) Dessinez la 80ᵉ forme dans la tendance B.

7. a) Colorez les carrés dans 3 premiers en 3 tuiles à l'aide d'au moins deux couleurs. Assurez-vous que vos tuiles colorées n'ont pas de ligne de symétrie. Créé une tendance en reflétant votre tuile à la verticale et l'horizontal pour couvrir la grille en entier.

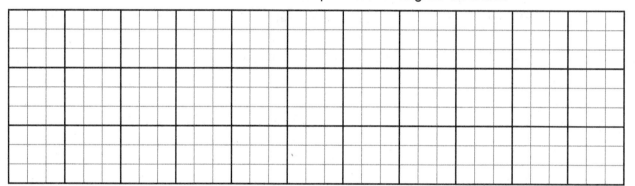

b) À quoi ressemblerait la 8ᵉ tuile dans la quatrième colonne?

c) À quoi ressemblerait la 9ᵉ tuile dans la cinquième colonne?

G5-18 Réflexions et translations

1. Trouvez la ligne verticale de réflexion.

a)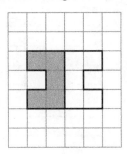
b)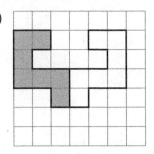
c)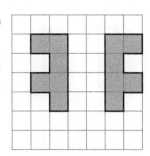
d)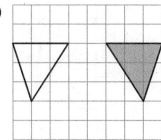

2. Trouvez la ligne horizontale de réflexion.

a)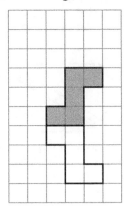
b)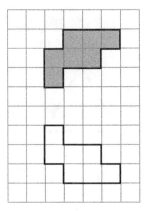
c)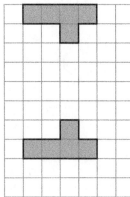
BONUS ▶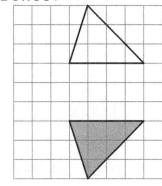

3. Dessinez une ligne de réflexion ou une translation·

a)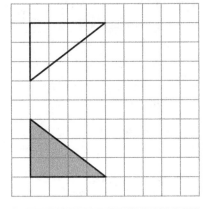
b)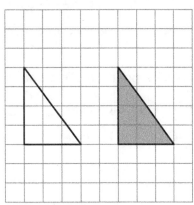
c)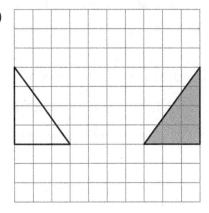

d)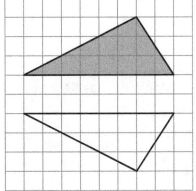
e)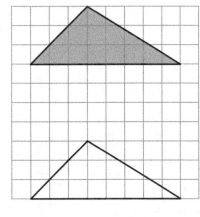
BONUS ▶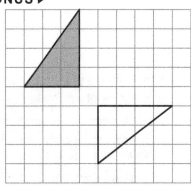

4. Encerclez les paires qui peuvent être créées par une réflexion. Cochez d'une marque à côté des paires qui peuvent être créées par une translation.

a)

b)

c)

d)

e)

f)

g)

h)

i)

j)

BONUS ▶

5. Utilisez les formes à la Question 4 pour compléter la question.

a) Utilisez une règle pour dessiner les lignes de réflextion dans les paires encerclées des formes.

b) Dessinez une flèche de translation pour les paires des formes cochées d'une marque.

c) Quelles paires de forme peuvent être créées par une réflexion ou une translation? _____

6. Utilisez le mot « même » ou « opposé » pour remplir le champ vierge.

a) Lorsqu'une forme est reflétée, l'image fait face à _____ direction.

b) Lorsqu'une forme est translatée, l'image fait face à _____ direction.

7. Tessa dit que si vous reflétez ou translatez n'importe quelle forme, l'image et la forme d'origine sont toujours congruentes. Êtes-vous d'accord avec Tessa? Expliquez.

_____

_____

8. La tendance est faite par des translations. Continuez la tendance. Puis dessinez les flèches des translations et encerclez le moyeu de la tendance.

a)

b)

9. David a fait une tendance en alternant les formes reflétées et translatées.

a) Continuez la tendance.

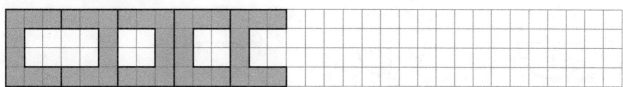

b) Dessinez le moyeu de la tendance.

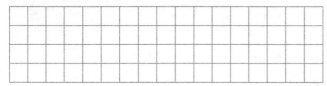

c) Dessinez la 19e forme dans la tendance.

d) Dessinez la 26e forme dans la tendance.

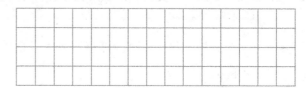

10. a) Utilisez les réflexions et les translations pour dessiner votre propre tendance de formes.

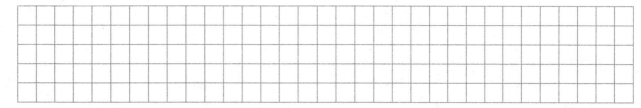

b) Dessinez le moyeu de la tendance que vous avez fait à la partie a).

c) Utilisez les translations uniquement pour dessiner votre propre tendance des formes.

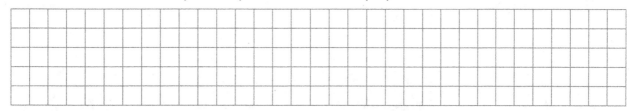

d) Dessinez le moyeu de la tendance que vous avez faite à la partie c).

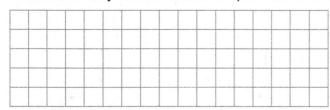

G5-19 Rotations

1. Écrivez le montant nuancé tel un entier (1) ou une fraction.

a) $\frac{1}{4}$

b)

c)

d)

e)

f)

g)

h)

La direction dans les aiguilles d'une horloge se déplacent est appelé **sens horaire (SH)**.

La direction opposée est appelée **sens anti-horaire (SAH)**.

---

2. Nuancez la partie du cercle sur laquelle l'aiguille de l'horloge s'est déplacée. Écrivez la fraction du tour.

a) début · fin

$\boxed{\dfrac{1}{4}}$ tournez SH

b) début · fin

☐ tournez SH

c) début · fin

☐ tournez SH

d) début · fin

☐ tournez SH

e) fin · début

☐ tournez SAH

f) fin · début

☐ tournez SH

g) début · fin

☐ tournez SAH

h) fin · début

☐ tournez SH

i) début · fin

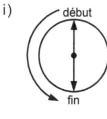 ☐ _____

j) fin · début

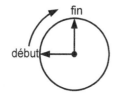 ☐ _____

k) début · fin

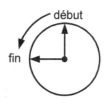 ☐ _____

BONUS ▶

fin · début

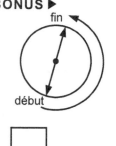 ☐ _____

---

3. Écrivez la fraction du tour que la flèce s'est deplacée du début jusqu'à la fin.

a)

$\dfrac{1}{4}$ tournez SH

b)

☐ tournez SH

c)

☐ _____

d)

☐ _____

e)

☐ tournez SAH

f)

☐ tournez SAH

g)

☐ _____

h)

☐ _____

Marla veut faire **tourner** cette flèche $\dfrac{1}{4}$ un tour dans le sens horaire.

D'abord elle dessine une flèche recourbée pour montrer l'étendue de la **rotation.**

Puis elle dessine la position finale de la flèche.

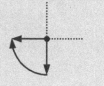

---

4. Montrez où la flèche serait après la rotation donnée. Utilisez la méthode de Marla.

a)

$\dfrac{1}{4}$ tournez sens horaire

b)

$\dfrac{1}{2}$ tournez sens horaire

c)

$\dfrac{3}{4}$ tournez sens horaire

d)

1 tour complet dans le sens horaire

e)

$\dfrac{1}{2}$ tournez sens anti-horaire

f)

1 un tour complet dans le sens anti-horaire

g)

$\dfrac{1}{4}$ tournez sens anti-horaire

h)

$\dfrac{3}{4}$ tournez sens anti-horaire

BONUS ▶

i)

trois $\dfrac{1}{4}$ tourner anti-horaire

j)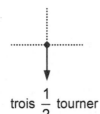

trois $\dfrac{1}{2}$ tourner horaire

k)

trois $\dfrac{1}{4}$ tourner anti-horaire

l)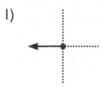

deux $\dfrac{3}{4}$ tourner anti-horaire

5. Montrez à quoi ressemblerait la forme après la rotation donnée autour du point P.
En premier, tournez la ligne foncée, puis dessinez le reste de la figure.

a)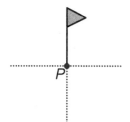

$\dfrac{1}{4}$ tournez sens horaire

b)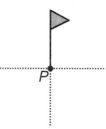

$\dfrac{1}{2}$ tournez sens horaire

c)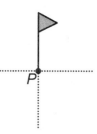

$\dfrac{3}{4}$ tournez sens horaire

d)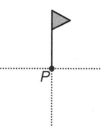

1 tour complet dans le sens horaire

e)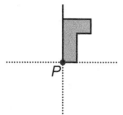

$\dfrac{1}{4}$ tournez sens horaire

f)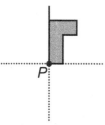

$\dfrac{1}{2}$ tournez sens horaire

g)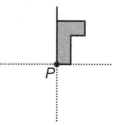

$\dfrac{3}{4}$ tournez sens anti-horaire

h)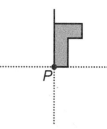

$\dfrac{1}{4}$ tournez sens anti-horaire

i)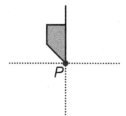

$\dfrac{1}{4}$ tournez sens horaire

j)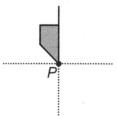

$\dfrac{3}{4}$ tournez sens horaire

k)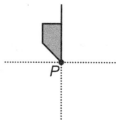

$\dfrac{1}{2}$ tournez sens anti-horaire

l)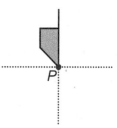

$\dfrac{1}{2}$ tournez sens horaire

À la Question 5, le point P est appelé le **centre de la rotation**. C'est le seul point qui ne bouge pas pendant une rotation.

6. a) Dessinez une forme en deux dimensions sur la grille. Étiquetez les sommets avec des lettres. Assurez-vous qu'une seule arête est sur la ligne foncée et un sommet sur le point.

b) Tournez votre forme autour du point. Dessinez l'image.

c) Écrivez la fraction du tour, la direction du tour (horaire ou anti-horaire), et le centre de rotation.

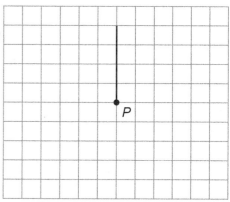

_____ autour point _____.

G5-20 Translations, réflexions et rotations

1. Tournez la forme $\frac{1}{4}$ autour du point P dans la direction indiquée. Dessinez l'image.

a) b) c) d) e)

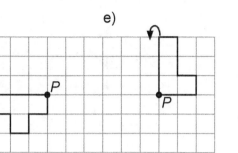

2. a) Tournez la forme A $\frac{1}{2}$ un tour dans le sens horaire autour du point P.
   Dessinez l'image en rouge.

   b) Reflétez la forme B dans la ligne M.
   Dessinez l'image en bleu.

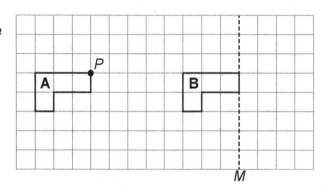

   c) Comparez les images rouge et bleue que vous avez dessinées dans les parties a) et b).
   Comment sont elles pareilles? Comment sont-elles différentes? _____

   _____

   _____

3. a) Dessinez l'image après la translation ou la réflexion donnée.

   i) glissement 2 unités à gauche, 1 unité vers le bas

   ii) reflétez en ligne M

   iii) reflétez en ligne R

   iv) glissement 2 unités à droite, 3 unités vers le bas

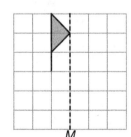 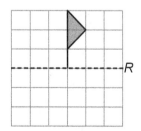 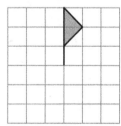

   b) Vers quelle direction le drapeau pointe-il maintenant? Utilisez N, E, S ou O.

   i) Les points des drapeaux _____.

   ii) Les points des drapeaux _____.

   iii) Les points des drapeaux _____.

   iv) Les points des drapeaux _____.

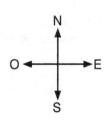

---

4. **a)** Dessinez l'image après la rotation autour du point *P*.

i) $\frac{1}{4}$ tourner sens horaire ii) $\frac{1}{2}$ tourner sens anti-sens horaire   iii) $\frac{3}{4}$ tourner SH   iv) 1 tour entier SAH

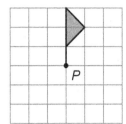 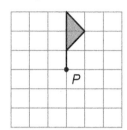 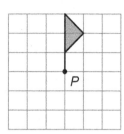 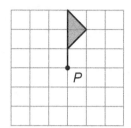

b) Vers quelle direction le drapeau pointe-il maintenant? Utilisez N, E, S ou O.

i) Les points des drapeaux _____. ii) Les points des drapeaux _____.

iii) Les points des drapeaux _____. iv) Les points des drapeaux _____.

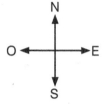

5. Décrivez la transformation utilisée pour déplacer le triangle de la position 1 à la position 2. Les côtés de chaque carré dans l'image sont une unité de long.

a) 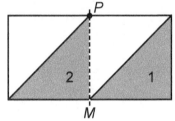 b) 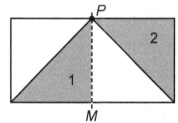 c)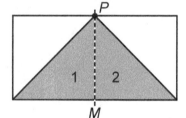

translation : une unité

gauche

d) 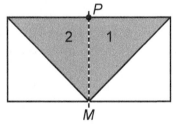 e) 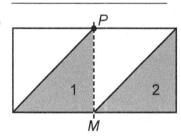 f)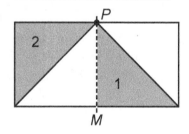

6. En utilisant soit une translation, une réflexion ou une rotation déplacez le triangle de la position 1 vers la position 2 de votre choix. Dessinez l'image du triangle et décrivez la transformation utilisée.

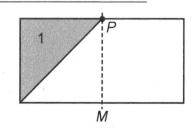

7. Décrivez une transformation qui déplace le triangle de la position 1 à la position 2.

a)

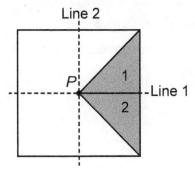

b)

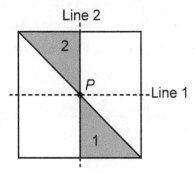

c)

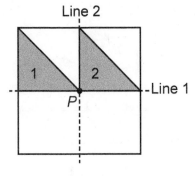

d)

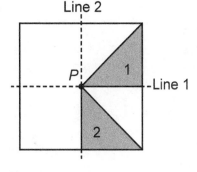

BONUS ▶ L'énoncé est-il toujours vrai, vrai à l'occasion ou jamais vrai? Expliquez comment vous le savez.

a) Une forme et son image après une réflexion font face à la même direction.

_____

_____

b) Une forme et son image après une rotation font face à la même direction.

_____

_____

8. a) Utilisez du papier quadrillé pour dessiner la forme à deux dimensions qui n'a aucune ligne de symétrie.

  i) Translatez la forme. Décrivez la translation.

  ii) Tournez la forme. Écrivez la fraction du tour et la direction du tour puis étiquetez le point de rotation.

  iii) Reflétez la forme. Dessinez la ligne de réflexion.

b) Pour chaque transformation à la partie a), comparez l'image de la forme d'origine. Comment sont elles pareilles? Comment sont-elles différentes?

G5-21 Formes 3-D

> **RAPPEL ▶** Côtés et verticales des formes 3-D ont **des faces, rebords** et **verticales**.
>
> Les faces sont plates. Elles rencontrent les rebords. Les rebords rencontrent les sommets.

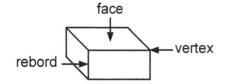
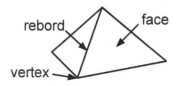

1. Quelle est la forme de la face nuancée?

a)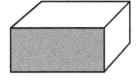

b)

c)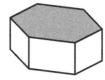

_____

_____

_____

d)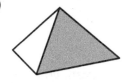

e)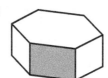

f)

_____

_____

_____

2. Dessinez un point sur chaque sommet que vous voyez.

a)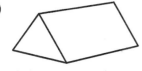

b)

c)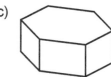

3. Tracez les rebords que vous voyez.

a)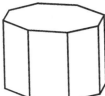

b)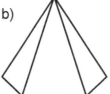

c)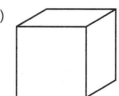

d)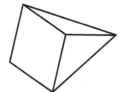

e)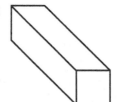

f)

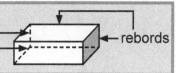

Les rebords cachés sont montrés avec les lignes pointillées.   rebords cachés — rebords

4. Dessinez les lignes pointillées pour montrer les rebords cachés.

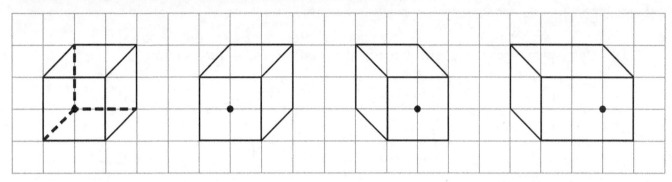

5. Tracez et comptez les rebords.

a)

_____ rebords

b)

_____ rebords

c)

_____ rebords

d)

_____ rebords

6. Dessinez un point sur chaque vertex. Comptez les sommets.

a)

_____ sommets

b)
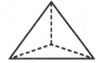

_____ sommets

c)

_____ sommets

d)

_____ sommets

7. Imaginez la forme placée sur une table. Tracez les rebords qui seraient cachés.

a)

b)
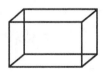

c)

d)

e)

f)
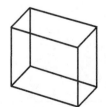

g)
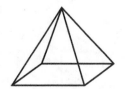

h)
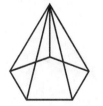

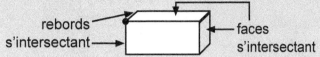

Dans une forme 3-D, deux rebords qui rencontrent le vertex sont appelés **rebords intersectant**.
Deux faces qui se rencontrent à un rebord sont appelées **faces intersectantes**.

rebords
s'intersectant → ← faces s'intersectant

8. Les rebords marqués ou les faces s'intersectent-ils? Répondez « oui » ou « non ».
   S'ils s'intersectent, tracez le rebord ou marquez le vertex où ils se rencontrent.

a)

b)

c)

d)

non

_____

_____

_____

e)

f)

g)

h)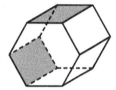

_____

_____

_____

_____

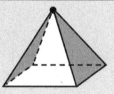

Les faces nuancées se rencontrent au vertex marqué, non à un rebord.

Les faces qui se rencontrent à un vertex s'appellent également **faces intersectantes**.

9. Les deux faces nuancées s'intersectent-elles? Répondez « oui » ou « non ».
   S'ils s'intersectent, tracez le rebord ou marquez le vertex où ils se rencontrent.

a)

b)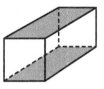

c)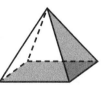

d)

_____

_____

_____

_____

e)

f)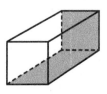

g)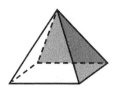

h)

_____

_____

_____

_____

Géométrie 5-21

G5-22 Prismes triangulaires et rectangulaires

Les prismes possèdent deux faces identiques opposées appellées **bases**.

Les bases des prismes **triangulaires** sont des triangles.

 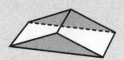

Les bases des prismes **rectangulaires** sont des rectangles.

 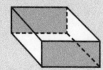

Sur les prismes rectangulaires, n'importe quelles paires de faces opposées peuvent être appellées des bases.

1. Nuancez les bases du prisme. Puis nommer le prisme.

a)

prisme

triangulaire

b)

_____

_____

c)

_____

_____

d)

_____

_____

2. Biffez les objets qui ne sont pas des prismes. Nuancez les bases des prismes triangulaires.
   Encerclez les prismes rectangulaires.

   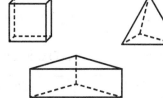  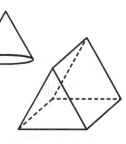

Pour faire le squelette d'un prisme :

Étape 1
Faites deux copies du même polygone à l'aide de boulles d'argile pour les sommets et des cure-dents pour les rebords. Elles sont les bases de prisme.

Étape 2
Ajoutez des cure-dents pour chaque vertex sur une des bases.

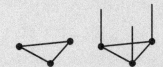

Étape 3
Attachez l'autre base sur le dessus des cure-dents.

3. Remplissez les tableaux à l'aide des squelettes des prismes.

Forme de la base	triangle	rectangle	carré
Nombre de sommets			
Nombre de rebords			

4. Connectez les sommets adjacents avec les rebords pour terminer le dessin du squelette du prisme.

a)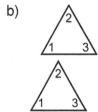

b)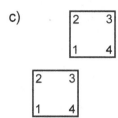

c)

5. Dessinez le squelette d'un prisme triangulaire en suivant ces étapes :

Étape 1 : Dessinez les deux bases triangulaires identiques, un peu éloignées et vers le côté.

Étape 2 : Connectez les sommets des bases en paires : le coin gauche inférieur d'une des bases va au coin gauche inférieur de l'autre et ainsi de suite.

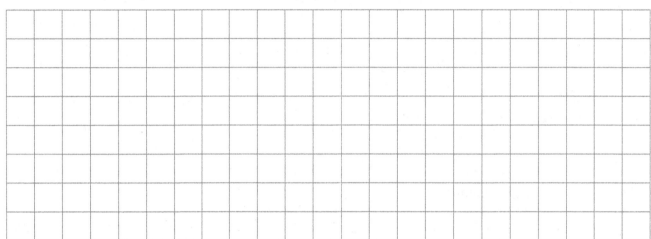

6. Remplissez le champ vierge. Utilisez les Formes 3-D actuelles pour vous aider.

Forme	Nombre de faces triangulaires	Nombre de faces restangulaires
prisme triangulaire		
prisme rectangulaire		

7. Comment savez-vous que cette forme n'est pas un prisme triangulaire?

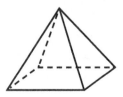

8. Sam dit que dans un prisme, les deux bases ne sont pas des faces s'intersectant. Êtes-vous d'accord avec Sam? Expliquez.

BONUS ▶ Dans un prisme triangulaire, Tasha trouve les deux faces qui ne s'intersectent pas. Quelles sont les formes de ces faces? Expliquez comment vous le savez.

G5-23 Prismes et pyramides

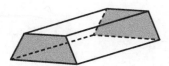
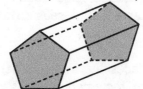
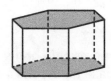
1. Nuancez les bases du prisme. Puis nommer le prisme.

a)

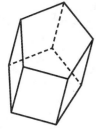

prisme à base de _____

b)

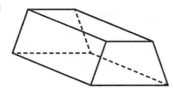

prisme à base de _____

c)

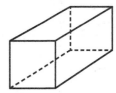

prisme à base de _____

d)

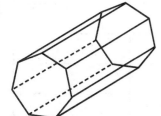

prisme à base de _____

e)

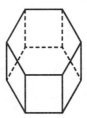

prisme à base de _____

f)

prisme à base de _____

Les faces dans un prisme qui ne sont pas des bases sont appelées **faces latérales**.

2. Utilisez les blocs patrons pour construire un prisme avec un losange à sa base.

   a) Combien de sommets a votre prisme? _____

   b) Combien de rebords a votre prisme? _____

   c) Combien de faces latérales a votre prisme? _____

   d) Combien de faces a votre prisme? _____

   e) Dessinez toutes les faces.

Marko mets deux prismes sur la table.

Dans un **prisme droit**, les faces latérales sont des rectangles
et la base du dessus est directement au-dessus de la base du fond.

Dans un **prisme oblique**, les faces latérales sont des parallélogrammes
et la base du dessus n'est pas directement au-dessus de la base du fond.

3. Nuancez les bases du prisme. Le prisme est-il droit ou oblique?

a)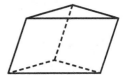

_____

b)

_____

c)

_____

4. Utilisez des formes 3-D actuelles ou des squelettes pour remplir le tableau.

Forme de la base du prisme	Nombre de ...			
	Faces latérales	Faces	Sommets	Rebords
rectangle				
trapèze				
pentagone				
hexagone				

BONUS ▶ Un prisme à un base à 9 côtés.

a) Combien de faces latérales a votre prisme? _____

b) Combien de faces a votre prisme? _____

c) Combien de sommets possède un prisme? _____

d) Combien de rebords possède un prisme? _____

e) Dessinez toutes les faces.

Les **pyramides** ont une base et un vertex à l'opposé de la base, appelé **apex**.

Les bases des **pyramides triangulaires** sont des triangles.

Les bases des **pyramides rectangulaires** sont des rectangles.

apex ➔

N'importe quelle face d'une pyramide triangulaire peut être appelée une base.

5. Nuancez la base et dessinez un point sur le vertex opposé à la base. Puis nommez la pyramide.

a)

b)

c)

d)

pyramide

triangulaire

_____

_____

_____

_____

_____

_____

6. Nuancez la base ou les bases. Puis nommez le prisme ou la pyramide.

a)

b)

c)

d)

_____

_____

_____

_____

_____

_____

_____

_____

e)

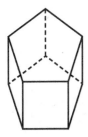

f)

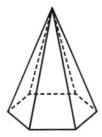

g)

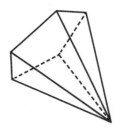

h)

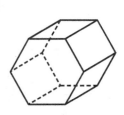

_____

_____

_____

_____

_____

_____

_____

_____

7. Dessinez un point sur l'apex de chaque pyramide dans la Question 6.

8. a) Complétez le tableau. Utilisez les Formes 3-D actuelles pour vous aider.

| Forme | Nom de la forme | Nombre de... | | | Illustration des faces |
		Sommets	Rebords	Faces	

b) Encerclez les bases dans la dernière colonne du tableau.

c) Les faces latérales des pyramides sont _____.

9. Un objet possède une base à 9 côtés et 10 sommets. Est-ce un prisme ou un pyramide? Expliquez.

_____

_____

_____

10. Une forme 3-D possède deux faces qui ne s'intersectent pas. Peut-elle être une pyramide? Expliquez.

BONUS ▶

a) Un objet possède une base à 10 sommets et 18 rebords. Est-ce un prisme ou un pyramide? Combien de côtés a sa base? Expliquez comment vous le savez.

b) Un objet possède une base à 16 sommets et 24 rebords. Est-ce un prisme ou un pyramide? Combien de côtés a sa base? Expliquez comment vous le savez.

G5-24 Formes 3-D parallèles et perpendiculaires

Clara place des Formes 3-D dans un tableau.

Les rebords et les faces qui vont droit vers le haut et vers le bas sont verticaux.

Les rebords et les faces qui vont d'un côté à l'autre comme le dessus d'une table sont horizontaux.

Les bases du prisme sont horizontales. La base de la pyramide est horizontale.

Toutes les faces latérales sont verticales. Aucune des faces latérales n'est verticale.

1. Imaginez la forme placée sur une table. Une face est nuancée ou un rebord est plus foncé.
   Est-elle verticale, horizontale ou ni un ni l'autre?

a)

vertical

b)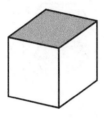

_____

c)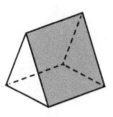

_____

d)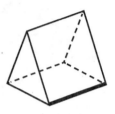

_____

Les faces qui vont dans la même direction et qui sont toujours
à la même distance une de l'autre sont appelées **des faces parallèles**.

Pour vérifier si deux faces sont parallèles, placez une face à plat sur
une table et vérifiez si l'autre face est également horizontale.

Dans la forme à droite, les faces nuancées sont parallèles.

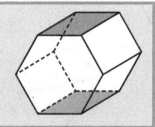

2. Les faces nuancées sont-elles parallèles? Répondez « oui » ou « non ». Utilisez les formes
   3-D actuelles au besoin.

a)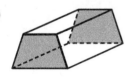

_____

b)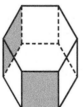

_____

c)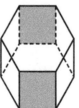

_____

BONUS ▶

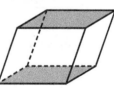

_____

d)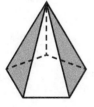

_____

e)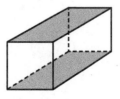

_____

f)

_____

BONUS ▶

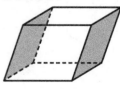

_____

Les faces qui rencontrent au bon angle sont des **faces perpendiculaires**. Pour vérifier si les deux faces sont perpendiculaires, placez une des faces à plat sur une table puis vérifiez si l'autre face est verticale.

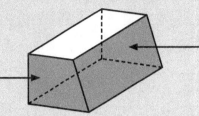

La face avant est perpendiculaire à la face du fond.

La face inclinée n'est pas perpendiculaire à la face du fond.

3. Les faces nuancées sont-elles perpendiculaires? Répondez « oui » ou « non ».
Utilisez les formes 3-D actuelles au besoin.

a)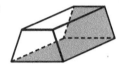

b)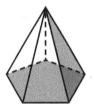

c)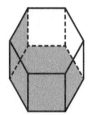

d)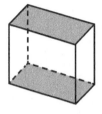

_____   _____   _____   _____

4. Les rebords foncés sont-ils parallèles, perpendiculaires ou ni un ni l'autre?

a)

b)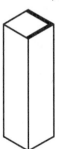

c)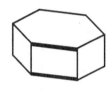

d)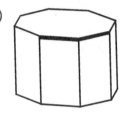

_____   _____   _____   _____

5. Les faces nuancées sont-elles parallèles, perpendiculaires ou ni un ni l'autre?

a)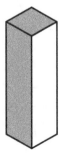

b)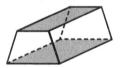

c)

d)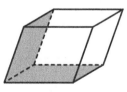

_____   _____   _____   _____

1. Complétez le tableau.

Forme	Nom de la forme	Nombre de...			Illustration des faces
		Sommets	Rebords	Faces	

Un **patron** d'une forme 3-D est un régularité que vous pouvez plier pour faire la forme.

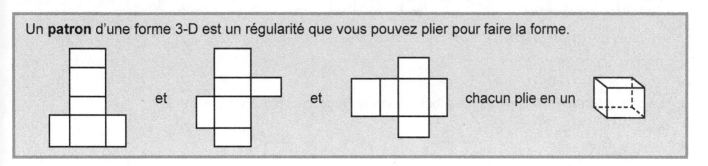

et   et   chacun plie en un

2. Concordez le patron à l'objet 3-D.

A.   B.   C.   D.   E.

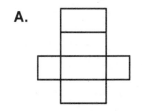 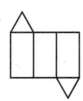 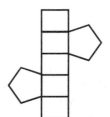   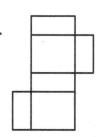

a)   b)   c)   d)   e)

      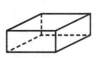

_____   _____   _____   _____   _____

G5-26 Patrons de prismes et pyramides

1. Concordez le patron à l'objet 3-D.

A.    **B.**    **C.**

a)   b)   c)

_____   _____   _____

2. Le patron forme-t-il un cube? Répondez « oui » ou « non ».

a) 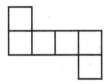   b) 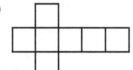   c)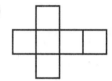

_____   _____   _____

d) 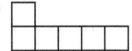   e) 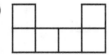   f)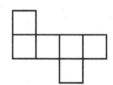

_____   _____   _____

3. Le patron forme-t-il une pyramide à base carrée? Répondez « oui » ou « non ».

a)   b)   c)   d)

_____   _____   _____   _____

4. Dessinez la face manquante pour le patron.

a)   b) 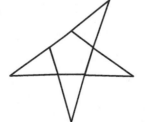   c)    d)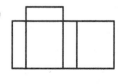

5. Créez le patron pour l'objet.

a)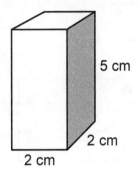

5 cm

2 cm

2 cm

b)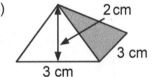

2 cm

3 cm

3 cm

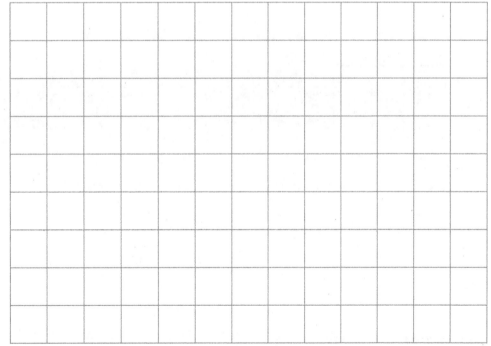

BONUS ▶ Eddy fait un modèle d'un édifice avec du carton. L'édifice est un prisme rectangulaire. La longueur et la largeur sont les deux de 3 cm et la hauteur est 4 fois plus que la largeur.

a) Esquissez le prisme.

b) Créez le patron pour le modèle.

ME5-12 Périmètre

1. Remplissez le tableau.

a)
m	cm
1	
2	
3	
25	

b)
cm	mm
1	
2	
3	
37	

c)
km	m
1	
2	
3	
75	

2. Le tableau montre les longueurs que certains animaux du zoo.

   a) Marquez les longueurs de **L**, **P**, **B** et **W** sur la droite numérique.

   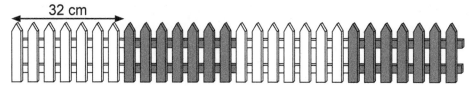

   0 cm   100 cm   200 cm

   b) Combien de centimètre un lynx est-il plus long qu'un loup? _____

Animal	Longueur
Lynx : **L**	150 cm
Lapin : **P**	50 cm
Castor : **B**	100 cm
Loup : **W**	2 m

3. Une clôture est faite de quatre parties jointes bout à bout. Each partie mesure 32 cm de long.

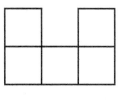

32 cm

   a) Combien mesure la clôture en centimètres? _____

   b) La clotûre est-elle plus longue ou plus courte qu'un mètre? _____

La distance autour d'une forme est appelée le **périmètre** d'une forme.

The périmètre de cette figure est de 5 cm car chaque segment de ligne est 1 cm de long.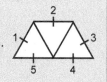

---

4. Chaque côté d'un carré mesure 1 cm de long. Trouvez le périmètre en centimètres.

a)

_____ cm

b)
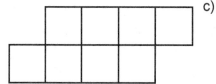

_____ cm

c)
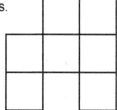

_____ cm

---

5. Mesurez le périmètre de la figure en centimètres. Utilisez une règle.

a)

b)

c)

_____   _____   _____

6. a) Trouvez le périmètre de chaque figure (inclure les unités).

```
   7 m              3 cm    2 cm                 5 cm
┌──────────┐      ┌────┐                      ┌──────┐
│          │      │    └──┐  5 cm             │      │
5 m    E   │   6 cm   U   │        2 km  P  2 km   R   │ 10 cm
│          │      │       │ 4 cm             │      │
└──────────┘      └───────┘                  └──────┘
                    8 cm                  2 km
```

Périmètre : _____   Périmètre : _____   Périmètre : _____   Périmètre : _____

b) Écrivez les lettres des figures en ordre du périmètre le plus grand au plus petit.
   Ils devraient épeler un pays en Amérique du Sud. Indice : Regardez les unités!

_____ _____ _____ _____

7. Estimez le périmètre de la figure en centimètres. Puis mesurer le périmètre actuel avec une règle.

a)

b)

Périmètre estimé : _____   Périmètre estimé : _____

Périmètre actuel : _____   Périmètre actuel : _____

8. a) Écrivez le périmètre de chaque figure dans la séquence (chaque côté du carré est 1 unité).

□ ⟶ □□ ⟶ □□□ ⟶ □□□□

_____   _____   _____   _____

b) Comment le périmètre change-t-il à chaque fois qu'un carré est additionné dans la partie a)?

_____

c) Quel serait le périmètre de la 6e figure? _____

---

9. a) Écrivez le périmètre de chaque figure dans la séquence (chaque côté est 1 unité).

_____   _____   _____   _____

b) Comment le périmètre change-t-il à chaque fois qu'un hexagone est ajouté à la partie a)?

_____

c) Quel serait le périmètre de la 6ᵉ figure? _____

10. a) Périmètre : _____

Additionnez un carré afin que le périmètre de la figure augmente par 2.

Nouveau Périmètre : _____

b) Périmètre : _____

Additionnez un carré afin que le périmètre de la figure reste le même.

Nouveau Périmètre : _____

11. Dessinez votre propre figure et trouvez son périmètre.

12. Les images (**A** et **B**) montrent deux façons de faire un rectangle en utilisant quatre carrés.

A.   **B.**

a) Quelle figure à le périmètre le plus court? Comment le savez-vous?

b) Y a-t-il d'autres façons de faire un rectancle à l'aide de 4 carrés?

13. Sur du papier quadrillé, montrez toutes les façons dont vous pouvez faire un rectangle à l'aide d'un nombre donné de carrés. Trouvez le périmètre de chaque rectangle.

a) 6 carrés   **b)** 10 carrés   **c)** 12 carrés

ME5-13 Problèmes de périmètre

1. L'Image montre un concept pour un jardin. Trouvez le périmètre du jardin en écrivant une équation d'addition.

a)

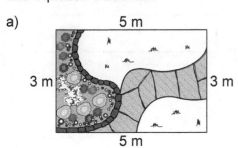

_____

b)

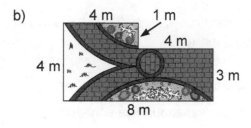

_____

2. Chaque arête est 1 cm de long. Écrivez la longueur totale de chaque côté à côté de la figure (un côté est fait pour vous dans la partie a). Puis écrivez une équation d'addition et trouvez le périmètre.

a)

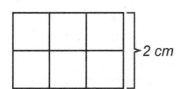

Périmètre : _____

b)

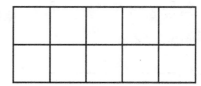

Périmètre: _____

c)

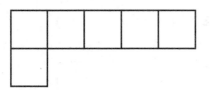

Périmètre : _____

d)

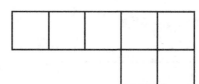

Périmètre: _____

3. Chaque arête est 1 unité de long. Écrivez la longueur de chaque côté à côté de la figure (ne manquez aucune arête!). Puis utilisez la longueur des côtés pour trouver le périmètre.

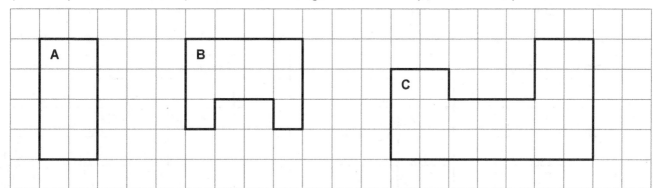

4. Sur du papier quadrillé, dessinez vos propres figures et trouvez leurs périmètres. Puis dessinez les lettres ou d'autres formes!

Un rectangle a un périmètre de 12 m. Chaque côté est un nombre exact de mètres en longueur.
Quelles sont les dimensions de chaque rectangle? Essayons différentes largeurs. Essayez 1 m en premier.

La largeur s'additionne à 2 m.
Les longueurs manquantes sont 12 m − 2 m = 10 m ensemble.
Chaque longueur est 10 m ÷ 2 = 5 m.

?
1 m [   ] 1 m

5. a) Les largeurs s'additionnent à _____ .m

   b) Les longueurs manquantes sont 16 m − _____ m = _____ m ensemble.

   c) Chaque longueur est _____ m ÷ 2 = _____ m.

?
3 m [   ] 3 m
Perimeter = 16 m

6. a) Les largeurs s'additionnent à _____ m.

   b) Les longueurs manquantes sont _____ m ensemble.

   c) Chaque longueur est _____ m.

?
4 m [   ] 4 m
Perimeter = 16 m

7. Trouvez les côtés manquants. (Les images ne sont pas dessinées à l'échelle).

   a) Périmètre = 24 m

   9 m
   ____ m [   ] ____ m
   9 m

   b) Périmètre = 14 cm

   5 cm
   ____ cm [   ] ____ cm
   5 cm

   c) Périmètre = 16 m

   ____ cm
   2 cm [   ] 2 cm
   ____ cm

   BONUS ▶ Périmètre = 600 cm

   ____ m
   1 m [   ] 1 m
   ____ m

8. Trouvez tous les rectangles ayant le périmètre donné (avec les longueurs et les largeurs
   qui sont les nombres exacts des unités).

   a) Périmètre = 8 unités b) Périmètre = 12 unités c) Périmètre = 14 unités d) Périmètre = 18 unités

Largeur	Longueur

Largeur	Longueur

Largeur	Longueur

Largeur	Longueur

BONUS ▶ Écrivez une règle pour trouver le périmètre d'un rectangle en partant de sa
largeur et sa longueur.

9. a) Environ combien de vélos, stationnés bout à bout, pourrait concorder avec la largeur de votre classe? _____

   b) Un vélo mesure environ 2 m de long. Environ combien de mètre mesure la largeur de votre classe? _____

   c) Environ combien de mètres de long mesure votre classe? _____

   d) Quel est le périmètre de votre classe? environ _____

10. La longueur d'une classe *carrée* est d'environ 3 vélos. Un vélo mesure environ 2 m de long.

    a) Environ combien de mètres de long mesure votre classe? _____

    b) Quel est le périmètre de votre classe? environ _____

11. Quelle unité (cm, m ou km) utiliseriez-vous pour mesurer le périmètre d'un objet?

    a) une maison _____   b) un livre _____

    c) une cour d'école _____   d) un parc de conservation naturelle _____

    e) une calculatrice _____   f) une ville _____

    g) un terrain de basketball _____   h) un pays _____

12. Estimez le périmètre d'une pièce dans votre domicile. Expliquez comment vous avez estimé le périmètre.

13. a) Un carré a côté 5 cm long. Quel est le périmètre?

    b) Comment avez-vous trouvé le périmètre d'un carré sans dessiner l'image?

    c) Un carré a un périmètre 12 cm. Combien mesure un côté? Expliquez.

14. Sally arrange quatre carrés (chacun ayant des côtés d'1 m) pour faire un poster.
    Elle veut faire une bordure avec un ruban pour son poster.
    Le ruban coûte 15 ¢ le mètre.

    Combien coûtera la bordure en tout?

15. Comment pourriez-vous mesurer le périmètre d'un objet rond (comme une assiette ou une canne) à l'aide d'une bande de papier ou d'une règle?

16. Deux formes différentes peuvent-elles avoir le même périmètre? Utilisez du papier quadrillé pour expliquer.

17. Emma énoncer la règle « 2 × (longueur + largeur) » donnent le périmètre d'un rectangle.
    A-t-elle raison? Expliquez.

ME5-14 Aire

L'**aire** d'une forme plate est la superficie de l'espace que celle-ci couvre.

Un **centimètre carré** (cm²) est une unité de mesure de l'aire.

Un carré a des côtés d'1 cm et une aitre de 1 cm².

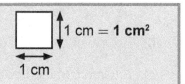

1 cm = **1 cm²**

1 cm

1. Trouvez l'aire de la figure en centimètres carrés.

a)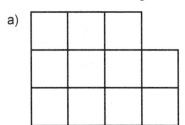

Aire = _____ cm²

b)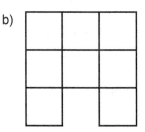

Aire = _____ cm²

c)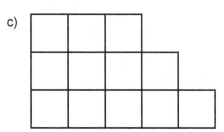

Aire = _____ cm²

2. Utilisez une règle, dessinez les lignes pour joindre les marques et divisez le rectangle en centimètres carrés. Puis trouvez l'aire.

a)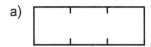

Aire = _____ cm²

b)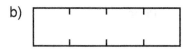

Aire = _____ cm²

c)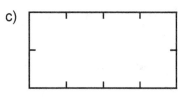

Aire = _____ cm²

3. Trouvez l'aire des rectangles en centimètres carrés.

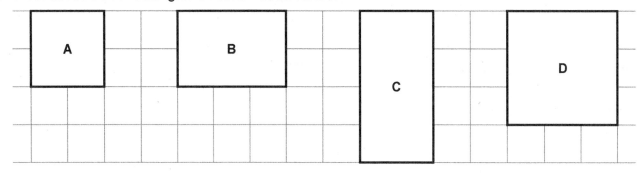

Aire de A = _____ cm²   Aire de B = _____ cm²   Aire de C = _____ cm²   Aire de D = _____ cm²

4. Utilisez du papier quadrillé de 1 cm.

a) Dessinez deux rectangles ayant une aire de 10 cm².

b) Dessinez deux figures que ne sont pas des rectangles avec une aire de 10 cm².

c) Dessinez trois rectangles différents avec une aire de 16 cm². (Rappelez-vous qu'un carré est un rectangle également!)

d) Trouvez le périmètre des rectangles dans la partie c). Quel rectangle a le périmètre le plus petit?

Un **mètre carré** (m²) est une unité pour mesurer l'aire.

Un carré a des côtés d'1 m et une aire de 1 m².

Par exemple, quatre pages non pliées provenant d'un journal sont environ 1 m².

$1\ m = 1\ m^2$

1 m

5. Jack mesure les aires d'objets à l'école, mais il a oublié d'écrire les unités. Remplissez les champs vierges « m² » ou « cm² ».

a) Le tableau mesure 2 _____.

b) Le carnet de notes couvre 310 _____.

c) L'autocollant mesure 12 _____.

d) La classe mesure 75 _____.

6. Choisissez une unité de mesure pour l'aire. Estimez puis mesurez l'aire de l'objet.

	Objet	Unité	Estimé	Aire actuelle
a)	classe			
b)	efface à tableau			
c)	porte de la classe			
d)	écran d'ordinateur			
e)	feuille de papier			

7. a) Dessinez trois rectangles différents avec un périmètre de 12 cm.

b) Trouvez l'aire des rectangles que vous avez dessinés à la partie a) et écrivez-les sur la grille.

c) Quel rectangle a l'aire la plus grande? _____

8. Si 100 cm est égal à 1 m, 100 cm² sont-ils égaux à 1 m²? Expliquez. _____

_____

BONUS ▶ Comment changeriez-vous une mesure en mètres carrés en centimètres carrés?

_____

ME5-15 Aire et périmètre des rectangles

1. Écrivez un énoncé de multiplication pour la gamme.

a) 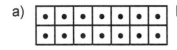   b)   c)   d)

_____   _____   _____   _____

2. Dessinez un point dans chaque boîte. Puis écrivez un énoncé de multiplication qui vous dicte le nombre de boîtes dans le rectangle.

a) 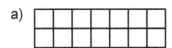   b)   c) 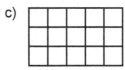   d)

<u>   2 × 7 = 14   </u>   _____   _____   _____

3. Écrivez le nombre de boîtes le long de la longueur et la largeur du rectangle. Puis écrivez un énoncé de multiplication pour l'aire du rectangle (en unités carrées).

a)   b)    c)

Largeur = _____   Largeur = _____   Largeur = _____

Longueur = _____   Longueur = _____   Longueur = _____

_____   _____   _____

4. Utilisez une règle, dessinez les lignes pour joindre les marques et diviser le rectangle en centimètres carrés. Écrivez un énoncé de multiplication pour l'aire du rectangle en centimètres carrés.

a)   b)   c)

Aire = _____   Aire = _____   Aire = _____

5. Comment pouvez-vous trouver l'aire du rectangle à partir de sa longueur et sa largeur?

_____

_____

6. Mesurez la longueur et la largeur du rectangle. Trouvez l'aire. Inclure les unités!

a)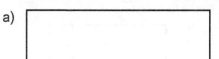

b)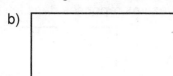

c)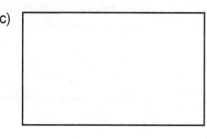

_____

_____

_____

7. L'aire est également mesurée en d'autres unités carrées. Prédisez le nom de l'unité.

a)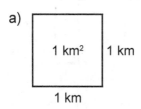

_kilomètre carré_____

b)

| 1 mm² | 1 mm |

1 mm

_____

c)

| 1 dm² | 1 dm |

1 dm

_____

8. a) Calculez l'aire de chaque rectangle (inclure les unités).

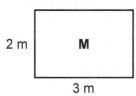   2 m   **M**   3 m

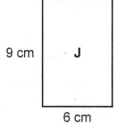   9 cm   **J**   6 cm

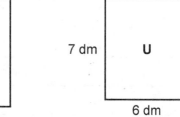   7 dm   **U**   6 dm

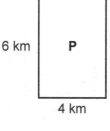   6 km   **P**   4 km

Aire = _____

Aire = _____

Aire = _____

Aire = _____

b) Faites une liste des rectangles de l'aire la plus petite à la plus grande : _____, _____, _____, _____

Que cela dit-il? _____

9. Trouvez l'aire du rectangle à l'aide de la longueur et la largeur. Inclure les unités!

a) Longueur = 7 m
Largeur = 5 m
Aire = ___$7 m x 5 m$___
= ___$35 m^2$___

b) Longueur = 9 m
Largeur = 2 m
Aire = _____
= _____

c) Longueur = 8 cm
Largeur = 6 cm
Aire = _____
= _____

d) Longueur = 7 dm
Largeur = 11 dm
Aire = _____
= _____

e) Longueur = 9 mm
Largeur = 12 mm
Aire = _____
= _____

f) Longueur = 12 m
Largeur = 3 km
Aire = _____
= _____

10. a) L'arête de chaque grille carrée représente 1 cm. Pour chaque forme, calculez le périmètre et l'aire et écrivez vos réponses dans la charte ci-bas.

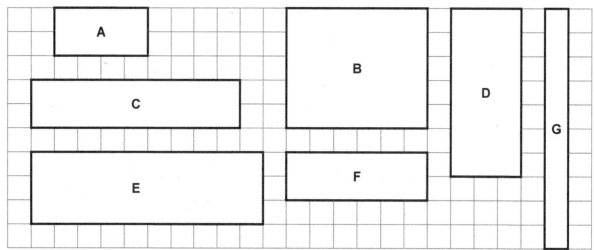

Forme	Périmètre	Aire
A	$2 + 4 + 2 + 4 + 6 = 12\ cm$	$2 \times 4 = 8\ cm^2$
B		
C		
D		
E		
F		
G		

b) La forme C a un plus grand périmètre que la forme D. Possède-t-elle une plus grande aire également? _____

c) Nommez deux autres formes où une possède un périmètre plus grand et l'autre une aire plus grande : _____

d) Écrivez les formes en ordre chronologique des périmètres du plus grand au plus petit : _____

e) Écrivez les formes en ordre chronologique des aires de la plus grande à la plus petite : _____

f) Les ordres dans les parties d) et e) sont-ils les mêmes? _____

g) Qu'y a-t-il de semblable à propos d'un **périmètre** et d'une **aire**? Qu'y a-t-il de différent?

11. La pelouse d'Ethan mesure 6 m de large et 9 m de long.

a) Trouvez l'aire de la pelouse d'Ethan.

b) Les morceaux de tourbe sont vendus en formes rectangulaires de 1 m par 2 m. Combien de morceaux de tourbe Ethan aura-t-il besoin pour couvrir la pelouse en entier?

c) Chaque morceau de tourbe mesure 1 m par 2 m et coûte 25 $. Combien en coûtera-t-il à Ethan pour couvrir la pelouse en entier?

ME5-16 Problèmes avec l'aire et le périmètre

Aire d'un rectangle = longueur × largeur   OU   Aire = $L \times \ell$

1. Trouvez l'aire du rectangle.

a) Largeur = 3 m
    Longueur = 6 m

    Aire = _____

    = _____

b) Largeur = 2 km
    Longueur = 9 km

    Aire = _____

    = _____

c) Largeur = 65 cm
    Longueur = 80 cm

    Aire = _____

    = _____

d) Largeur = 3 km
    Longueur = 66 km

    Aire = _____

    = _____

e) Largeur = 42 mm
    Longueur = 93 mm

    Aire = _____

    = _____

f) Largeur = 25 m
    Longueur = 140 m

    Aire = _____

    = _____

2. Écrivez une équation pour l'aire du rectangle. Pour trouvez la largeur inconnue.

a) Largeur = ℓ cm
    Longueur = 5 cm
    Aire = 15 cm²

    $\ell \times 5 = 15$

    $\ell = 15 \div 5$

    $\ell = 3\ cm$

b) Largeur = ℓ m
    Longueur = 2 m
    Aire = 12 m²

c) Largeur = ℓ km
    Longueur = 6 km
    Aire = 24 km²

3. Écrivez une équation pour l'aire du rectangle. Puis trouvez la longueur inconnue.

a) Largeur = 5 cm
    Longueur = L cm
    Aire = 30 cm²

b) Largeur = 7 km
    Longueur = L km
    Aire = 63 km²

BONUS ▶ Largeur = 10 m
    Longueur = L m
    Aire = 1 678 m²

4. a) Un rectangle a une aire de 48 m² et une largeur de 3 m. Quelle est le longueur?

b) Un rectangle a une aire de 5 600 cm² et une longueur de 80 cm. Quelle est la largeur?

c) Un carré a une aire de 16 cm². Quelle est la largeur?

5. Dessinez une ligne qui divise la forme en deux retangles. Utilisez les aires des rectangles pour trouver l'aire totale de la forme.

a)

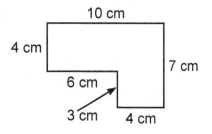

Aire du rectangle 1 = _____

Aire du rectangle 2 = _____

Aire totale = _____

b)

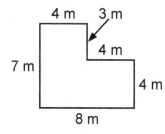

Aire du rectangle 1 = _____

Aire du rectangle 2 = _____

Aire totale = _____

c)

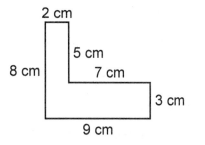

Aire du rectangle 1 = _____

Aire du rectangle 2 = _____

Aire totale = _____

d)

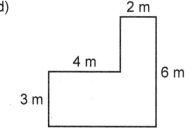

Aire du rectangle 1 = _____

Aire du rectangle 2 = _____

Aire totale = _____

RAPPEL ▶ Périmètre est la distance autour d'une forme.

---

6. Trouvez l'aire du rectangle à l'aide de la longueur et la largeur.

a) Largeur = 2 cm   Périmètre = 12 cm

Longueur = _____

Aire = _____

b) Largeur = 4 cm   Périmètre = 20 cm

Longueur = _____

Aire = _____

7. Ivan veut construire un bac rectangulaire pour les légumes de 2 m de large avec un périmètre de 16 m.

a) Esquissez le jardin sur du papier quadrillé. Chaque carré sur la grille représente un mètre carré.

b) Quelle est la longueur du jardin de légumes?

c) Ivan veut construire une clôture autour de son jardin. La clôture coûte 5 $ le mètre. Combien la clôture lui coûtera-t-il?

d) Ivan plantera 8 plants de concombre sur chaque mètre carré de terre. Un paquet de 50 graines coûte 2 $. Combien de paquets de graines aura-t-il besoin?

e) Combien les graines et la clôture lui coûteront-il au total?

ME5-17 Empiler des blocs

1. Combien de blocs sont dans la rangée nuancée?

a)

_____ blocs

b)

_____ blocs

c)

_____ blocs

2. Combien de blocs sont dans la rangée nuancée?

a)

_____ blocs

b)

_____ blocs

c)

_____ blocs

3. Écrivez le nombre de blocs nuancés. Puis écrivez l'équation d'addition et celle de multiplication pour tous les blocs.

a)

_____ bloc nuancé

_____ + _____ + _____

= _____ blocs

_____ × _3_ = _____ blocs

b)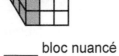

_____ bloc nuancé

_____ + _____ + _____

= _____ blocs

_____ × _____ = _____ blocs

c)

_____ bloc nuancé

_____ + _____ + _____ + _____

= _____ blocs

_____ × _____ = _____ blocs

4. a) Écrivez la multiplication pour le nombre de blocs en une couche.

_____ × _____ = _____ blocs

b) Calculez le nombre de blocs dans la couche nuancée. Puis calculez le nombre total de blocs dans la pile.

i)

blocs dans chaque couche | nombre de couches

_____ × _____ × _____

= _____ blocs

ii)

_____ × _____ × _____

= _____ blocs

iii)

_____ × _____ × _____

= _____ blocs

5. Écrivez un énoncé de multiplication pour le nombre de blocs dans la pile.

a)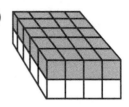

_____ × _____ × _____

= _____ blocs

b)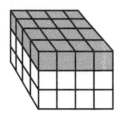

_____ × _____ × _____

= _____ blocs

c)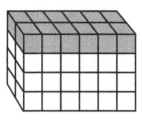

_____ × _____ × _____

= _____ blocs

6. a)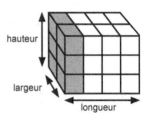

hauteur

largeur

longueur

Nombre de blocs dans une couche verticale

= hauteur × largeur

= _3_ × _2_ = _6_ blocs

Nombre total de blocs

= hauteur × largeur × longueur

= _____ × _____ × _____ = _____ blocs

b)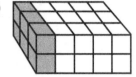

Nombre de blocs dans une couche verticale

= hauteur × largeur

= _____ × _____ = _____ blocs

Nombre total de blocs

= largeur × longueur

= _____ × _____ × _____ = _____ blocs

c)

Nombre de blocs dans une couche verticale

= hauteur × largeur

= _____ × _____ = _____ blocs

Nombre total de blocs

= hauteur × largeur × longueur

= _____ × _____ × _____ = _____ blocs

d)

Nombre de blocs dans une couche verticale

= hauteur × largeur

= _____ × _____ = _____ blocs

Nombre total de blocs

= largeur × longueur

= _____ × _____ × _____ = _____ blocs

7. Trois piles à la Question 6 ont le même nombre de blocs. Utilisez la hauteur, la largeur, la longueur et les propriétés de la multiplication pour expliquer pourquoi cela se produit.

> **Volume** est la quantité d'espace prise par un objet tri-dimensionnel.
>
> Ces objets ont un volume de 4 cubes.

1. Comptez le nombre de cubes pour trouver le volume de l'objet.

a)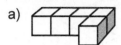

Volume = _____ cubes

b)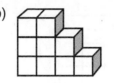

Volume = _____ cubes

c)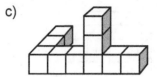

Volume = _____ cubes

> Nous mesurons le volume en unités cubiques ou unités cubes. (Les cubes ne sont pas dessinés à l'échelle).
>
> 1 cm³ = 1 centimètre cubique   1 m³ = 1 mètre cubique   1 dm³ = 1 décimètre cubique
>
>

2. Comptez le volume de l'objet en unités cubiques. Inclure les unités dans votre réponse.

a) 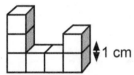 1 cm

Volume = _____

b) 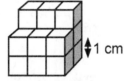 1 cm

Volume = _____

c) 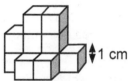 1 cm

Volume = _____

d) 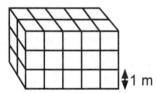 1 m

Volume = _____

e) 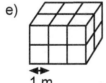 1 m

Volume = _____

f) 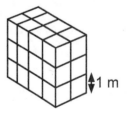 1 m

Volume = _____

g) 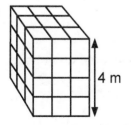 4 m

Volume = _____

h) 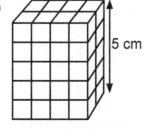 5 cm

Volume = _____

i) 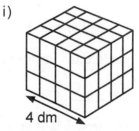 4 dm

Volume = _____

Les mathématiciens appelle des boîtes rectangulaires des **prismes rectangulaires**.

3. Utilisez deux façons de trouver le volume d'un prisme rectangulaire fait d'unités cubes.

a) Trouvez le nombre des unités cubes. Inclure les unités dans la réponse.

i)

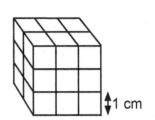

‡1 cm

Volume = _____

ii)

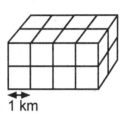

↔
1 km

Volume = _____

iii)

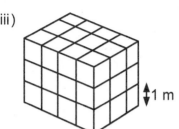

‡1 m

Volume = _____

b) Trouvez la longueur, la largeur et la hauteur des prismes dans la partie a). Multipliez la longueur × largeur × hauteur pour trouver le volume. Inclure les unités!

i) Longueur = _____

   Largeur = _____

   Hauteur = _____

   Volume = _____

ii) Longueur = _____

   Largeur = _____

   Hauteur = _____

   Volume = _____

iii) Longueur = _____

   Largeur = _____

   Hauteur = _____

   Volume = _____

c) Comparez vos réponses pour le volume avec les parties a) et b). Avez-vous obtenu la même réponse des deux façons?

Pour un prisme rectangulaire, volume = longueur × largeur × hauteur   OU $V = L \times \ell \times h$.

4. Jun a une boîte qui mesure 15 cm de long, 10 cm de large et 8 cm de haut.
Il remplit la boîte avec des cubes de 1 cm.

a) Combien de cubes vous rentrés cordés dans la boîte?

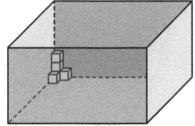

   Longueur = _____ cubes

   Largeur = _____ cubes

   Hauteur = _____ cubes

b) Combien de cubes Jun aura-t-il besoin pour remplir la boîte? _____

c) Quel est le volume de la boîte? _____ cubes = _____ cm³

d) Utilisez la formule volume = longueur × largeur × hauteur pour trouver le volume de la boîte.

   Volume = _____ cm × _____ cm × _____ cm = _____ cm³

e) Avez-vous trouvé la même réponse qu'aux parties c) et d)? Si non, trouvez votre erreur.

5. Trouvez le volume du prisme.

a) Longueur = ___3 m___

   Largeur = ___2 m___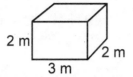

   Hauteur = ___2 m___

   Volume = ___3 m × 2 m × 2 m___ = ___12 m³___

b) Longueur = _____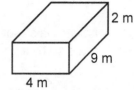

   Largeur = _____

   Hauteur = _____

   Volume = _____ = _____

c) Longueur = _____

   Largeur = _____

   Hauteur = _____

   Volume = _____ = _____

d) Longueur = _____

   Largeur = _____

   Hauteur = _____

   Volume = _____ = _____

e) L = _____

   ℓ = _____

   h = _____

   V = _____ = _____

f) L = _____

   ℓ = _____

   h = _____

   V = _____ = _____

6. Trouvez le volume du prisme rectangulaire avec les mesures données.

a) Longueur 25 m, largeur 6 m, hauteur 6 m

   Volume = _____ = _____

b) Longueur 15 cm, largeur 30 cm, hauteur 45 cm

   Volume = _____ = _____

c) Longueur 90 cm, largeur 15 cm, hauteur 8 cm

   Volume = _____ = _____

d) Longueur 115 m, largeur 20 m, hauteur 30 m

   Volume = _____ = _____

7. Utilisez ce prisme pour expliquer pourquoi 2 × 3 × 4 = 3 × 2 × 4.

_____

_____

_____

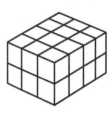

8. Estimez la réponse. Puis utilisez la calculatrice pour trouver la valeur actuelle.

a) D'abord la Première Place du Canada à Toronto, ON, est un prisme prisme rectangulaire de 72 m de large, 68 m de long et 298 m de haut. Quel est le volume de la tour?

b) La Tour du Centre Cheung Kong à Hong Kong en Chine, est un prisme rectangulaire qui est 47 m de large, 47 m de long et 283 m de haut. Quel est le volume de la tour?

c) Quelle tour a le plus grand volume, la Première Place du Canada ou la Tour du Centre Cheung Kong? Quelle est la différence entre elles?

ME5-19 Volume et aire d'une face

Les surfaces plates sur formes tri-dimensionnelles (ou 3-D) sont appelées **faces**. Les faces rencontrent les **arêtes**. Les arêtes se rencontrent **sommets**. Vous pouvez montrer les arêtes cachées avec des lignes pointillées.

faces

arêtes cachées

arêtes

vertex

1. Dessinez les lignes pointillées pour montrer des arêtes cachées. Les points marquent un sommet caché.

a)   b)   c)   d)

Les arêtes et les sommets d'une forme font son **squelette**. Ceci est le squelette d'un cube.

2. Imaginez le squelette couvert de papier et placé sur une table. Tracez les arêtes qui seraient cachés.

a)   b)   c)   d)

3. La face du dessus et du dessous sont **les faces horizontales**. Nuancez les faces horizontales sur le prisme.

a)   b)   c)   d)

4. La face du dessous du prisme rectangulaire a une aire de 8 cm².

Quelle est l'aire de la face nuancée? _____

5. a) Quel est le volume de la couche du fond du prisme? _____

   b) Quel est le volume de la couche du dessus? _____

   c) Les volumes des couches du dessus et de fond sont-elles pareilles? _____

   BONUS ▶

   d) Quel est le volume de la couche de gauche? _____ Couche de droite? _____

   e) Les volumes des couches de gauche et de droite sont-elles pareilles? _____

6. Ces prismes sont faits de cubes de 1 cm.

a) Remplissez le tableau.

	i) 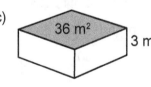	ii)	iii)	iv)
Aire de la face horizontale	6 cm²			
Volume de la couche nuancée	6 cm³			
Hauteur du prisme	4 cm			
Nombre de couches horizontales	4			
Volume du prisme	24 cm³			

b) Qu'obtiendrez-vous si vous multipliez le volume d'une couche nuancée et le nombre de couches horizontales dans le tableau ci-haut? _____

c) Obtenez-vous le volume du prisme si vous multipliez l'aire d'une face horizontale et la hauteur du prime dans le tableau ci-haut? _____

7. Encerclez la partie de la formule pour le volume d'un prisme qui montre l'aire d'une face horizontale.

Volume = longueur × largeur × hauteur

Pour un prisme rectangulaire,

Volume = Longueur × largeur × hauteur   OU   Volume = aire de la face horizontale × hauteur.

---

8. Trouvez le volume. Rappelez-vous d'inclure les unités dans votre réponse.

a) 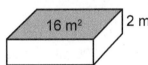 16 m² 2 m

Volume = _____ × _____

= _____

b) 12 cm² 1 cm

Volume = _____ × _____

= _____

c) 36 m² 3 m

Volume = _____ × _____

= _____

d) Aire de la face du dessus = 12 m²

Hauteur = 10 m

Volume = _____ × _____

= _____

e) Aire de la face du dessus = 15 m²

Hauteur = 4 m

Volume = _____ × _____

= _____

f) Aire de la face du dessus = 22 m²

Hauteur = 3 cm

Volume = _____ × _____

= _____

ME5-20 Volume liquide

Le volume des liquides est souvent mesuré en **litres** (L).
Un libre est un peu plus de 4 tasses.

1. Encerclez les objets qui peuvent contenir plus d'1 litre.

Les petites quantités de liquide sont mesurées en **millilitres** (mL). Une cuillère à thé contient 5 ml de liquide.

2. Encerclez l'unité appropriée, litres (L) ou millilitres (mL), pour mesurer la quantité que le contenant peut contenir.

a)

L   mL

b)

L   mL

c)

L   mL

d)

L   mL

3. Encerclez la meilleure unité pour mesurer la quantité que le contenant peut contenir.

a) un verre d'eau

L   mL

b) un grand seau

L   mL

c) un évier

L   mL

d) une petite canne de jus

L   mL

4. Encerclez la quantité que le contenant peut contenir.

a) une grande tasse

500 mL   500 L

b) un aquarium

200 mL   200 L

c) un bain

300 mL   300 L

d) une bouteille d'eau

500 mL   500 L

1 litre = 1 000 millilitres   1 L = 1 000 mL

5. a) Remplissez le tableau.

L	1	2	3	44	5	6	7	8
mL	*1 000*							

b) Pour changer la mesure de litres (L) à millilitres (mL), quel nombre devriez-vous multipliez par? _____

6. Convertissez la mesure de litres à millilitres.

a) 10 L = _____ mL   b) 13 L = _____ mL   c) 20 L = _____ mL

d) 45 L = _____ mL   e) 72 L = _____ mL   f) 100 L = _____ mL

7. Convertissez la mesure de litres à millilitres. Puis encerclez la plus grande mesure.

a) 400 mL   3 L   b) 9 300 mL   8 L   c) 2 467 mL   23 L

   (3 000 mL)

d) 6 666 mL   6 L   e) 70 L   7 800 mL   f) 75 L   65 203 mL

8. a) Écrivez la mesure en millilitres qui est entre 7 L et 8 L. _____

b) Écrivez la mesure en litres qui est entre 6 905 mL et 7 603 mL. _____

9. Un contenant peut contenir un volume de liquide donné. Combien de contenants aurez-vous besoin pour faire un litre?

a) 100 mL   b) 200 mL   c) 500 mL   d) 250 mL

___10___ contenants   _____ contenants   _____ contenants   _____ contenants

10. Jane a acheté : 2 L de jus   une bouteille de 500 mL d'huile de canola   une bouteille de 1 L de savon à vaisselle

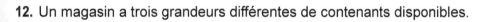

Quel est le volume total de liquide en millilitres que Jane a acheté? _____

11. a) Un petit aquarium contient la même quantité d'eau que deux seaux de 8 L. Écrivez la quantité d'eau que l'aquarium peut contenir en litres et en millilitres.

_____ L ou _____ mL

b) Un pot contient 500 mL d'eau. Combien de pots d'eau aurez-vous besoin pour remplir l'aquarium? _____

12. Un magasin a trois grandeurs différentes de contenants disponibles.

a) Combien de contenants de grandeur C aurez-vous besoin pour contenir 20 L d'eau au total?

b) Combien de contenants de grandeur A aurez-vous besoin pour contenir autant d'eau que 4 contenants de grandeur B?

c) Lequel contient le plus, 5 contenats de grandeur B ou 3 contenants de grandeur C?

ME5-21 Litres et millilitres

Carl multiplies par 1 000 pour convertir 0,64 L en millilitres. En premier il écrit la décimale en millièmes. Puis il déplace la décimale de trois positions vers la droite : 0,64 L = 0,640 L = 640 mL.

1. Convertissez la mesure de litres à millilitres.

   a) 1,7 L = ___1,700___ L = ___1 700___ mL   b) 0,59 L = _____ L = _____ mL

   c) 2,54 L = _____ L = _____ mL   d) 0,02 L = _____ L = _____ mL

   e) 0,004 L = _____ mL   f) 1,759 L = _____ mL

   g) 1,04 L = _____ mL   h) 24,7 L = _____ mL

2. Convertissez la mesure de litres à millilitres. Puis encerclez la plus grande mesure.

   a) 500 mL   4 L   b) 3 200 mL   3 L   c) 14 578 mL   17 L

      (4 000 mL)

   d) 3 400 mL   2,5 L   e) 4,6 L   4 587 mL   f) 11,790 L   12 080 mL

   g) 6 750 mL   6,95 L   h) 7,40 L   6 800 mL   i) 3,047 L   350 mL

3. a) Écrivez la mesure en millilitres qui est entre 5,39 L et 5,4 L. _____

   b) Écrivez la mesure en litres qui est entre 3 720 mL et 4 017 mL. _____

4. Convertissez la mesure en litres à une mesure mixte.

   a) 6,79 L = ___6___ L = ___790___ mL   b) 3,247 L = _____ L = _____ mL

   c) 4,027 L = _____ L _____ mL   d) 5,82 L = _____ L _____ mL

   e) 5,008 L = _____ L _____ mL   f) 12,75 L = _____ L _____ mL

   g) 2,7 L = _____ L _____ mL   h) 58,1 L = _____ L _____ mL

5. Convertissez la mesure en millilitres vers une mesure mixte.

   a) 5 130 mL = ___5___ L ___130___ mL   b) 5 217 mL = _____ L _____ mL

   c) 4 367 mL = _____ L _____ mL   d) 4 081 mL = _____ L _____ mL

   e) 7 006 mL = _____ L _____ mL   f) 44 300 mL = _____ L _____ mL

6. Un contenant peut contenir un volume de liquide donné. Combien de contenants aurez-vous besoin pour 3 L?

   a) 500 mL   b) 100 mL   c) 150 mL   d) 125 mL

7. Karen a acheté : 1,5 L de jus   une bouteille de 400 mL d'huile de canola   une bouteille de 2,3 L de soda

   a) Quel est le volume total de liquide en millilitres que Karen a acheté? _____

   BONUS ▶ Quel est le volume total en litres? _____

8. a) Un aquarium peut contenir 160 L d'eau. Combien d'eau peut contenir l'aquarium en millilitres? _____

   b) Un seau renfermer 8 L d'eau. Combien de seaux aurez-vous besoin pour remplir l'aquarium?

   c) Combien de bouteilles de 2 L d'eau aurez-vous besoin pour remplir l'aquarium?

   d) Si vous remplissez l'aquarium au complet, pouvez-vous mettre des poissons dedans?

9. Fred fait du jus concentré en mélangeant une canne de 333 mL de concentré avec trois cannes d'eau. Combien de jus fera-t-il?

10. Le jus d'orange vient en boîtes de 125 mL et 200 mL. Un emballage de six boîtes, de 200 mL chacune, coûte 7 $ par emballage. Un emballage de huit boîtes, de 125 mL chacune, coûte 6 $ par emballage.

    a) Combien de jus est dans chaque emballage? Écrivez votre réponse dans en millilitres.

    b) Lequel contient plus de jus, cinq emballages de six boîtes de jus ou six emballages de huit boîtes de jus?

    c) Lequel en coûte le plus, cinq emballages de six boîtes ou six emballages de huit boîtes de jus?

    d) Quelle sera la façon la plus économique d'acheter du jus par volume? Expliquez. _____

    _____

ME5-22 Remplir des contenants

La **capacité** est la quantié de liquide (ou de riz, fèves et ainsi de suite) qu'un contenant peut contenir.

Un contenant ayant un volume de 1 centimètre cube (1 cm³) a une capacité de 1 millilitre (1 mL).

1. a) Quel est le volume d'un cube ayant des côtés de 1 dm = 10 cm?

   Volume = 1 dm³ = _____ cm × _____ cm × _____ cm = _____ cm³

   b) Combien de centimètres cubes sont dans 1 dm³? _____

   c) Environ combien de millilitres sont dans 1 L? _____

Un contenant ayant un volume de 1 décimètre cubique (1 dm³) a une capacité d'1 litre (1 L).

2. Trouvez la capacité du contenant et le volume de liquide qui entre dedans.

   a)

   Capacité = _____ L

   Volume = _____ L

   b)

   Capacité = _____ L

   Volume = _____ L

   c)

   Capacité = _____ L

   Volume = _____ L

3. a) Une canne a un volume de 3 dm³. Quelle est sa capacité en litres? _____

   b) Un pot a un volume de 750 cm³. Quelle est sa capacité en millilitres? _____

   c) Une canne a une capacité de 355 mL. Quel est le volume en centimètres cubes? _____

   d) Un contenant de jus a une capacité de 2,63 L. Quel est son volume? _____

4. Trouvez le volume et la capacité de l'aquarium. Inclure les unités!

   a)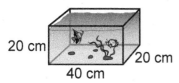

   Longueur = _40 cm_

   Largeur = _20 cm_

   Hauteur = _20 cm_

   Volume = _40 cm × 20 cm × 20 cm_

   = _16 000 cm³_

   Capacité = _16 000 mL_

   b)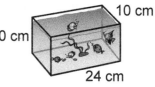

   Longueur = _____

   Largeur = _____

   Hauteur = _____

   Volume = _____

   = _____

   Capacité = _____

5. Utilisez deux façons pour trouver la capacité du prisme.

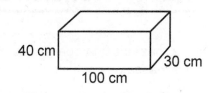

a) Trouvez le volume en centimètres cubes. Puis convertissez cm³ en mL.

Volume = _____ cm³, donc capacité = _____ mL.

b) Convertissez les mesures en décimètres.

Longueur = _____ dm   Largeur = _____ dm   Hauteur = _____ dm

c) Trouvez le volume en décimètres cubes. Puis convertissez dm³ en litres.

Volume = _____ dm³, donc capacité = _____ L.

d) Comment vos réponses aux parties a) et c) devraient être relatives. Expliquer.
Sont-elles relatives de cette façons? Si non, trouvez votre erreur.

_____

_____

6. Trouvez la capacité du prisme.

a) Convertissez toutes les mesures aux centimètres.

Longueur = _____ cm   Largeur = _____ cm   Hauteur = _____ cm

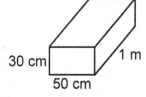

b) Trouvez le volume en centimètres cubes. Puis convertissez cm³ en mL.

Volume = _____ cm³, donc capacité = _____ mL.

c) Quelle est la capacité du prisme en litres? _____ L

7. Un aquarium a une longueur de 40 cm et une largeur de 25 cm. L'eau de l'aquarium est de 10 cm de haut. Combien d'eau est dans l'aquarium?

_____ mL = _____ L

BONUS ▶ Trouvez le volume du prisme. Puis trouvez la hauteur.
     Indice : utilisez Volume = aire de la face horizontale × hauteur.

a) Capacité = 36 mL

Volume = _____

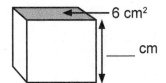

b) Capacité = 320 L

Volume = _____

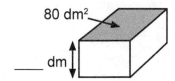

c) Capacité = 90 mL

Volume = _____

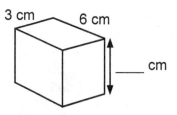

ME5-23 Révision de la masse

La masse est la quantité de matière dans un objet. Plus l'objet est lourd plus sa masse est grande.
La masse des petits objets est souvent mesurée en **grammes** (g).

Un gros trombone et une pépite de chocolat pèsent chacun 1 gramme.

1. La masse d'un vingt-cinq cennes est d'environ 5 g.

   a) Quelle est la masse de 10 vingt-cinq cennes? _____   50 vingt-cinq cennes? _____

   b) Quelle est la masse de la quantité en vingt-cinq cennes?

      i) 25 ¢ _____   ii) 50 ¢ _____   iii) 125 ¢ _____   iv) 200 ¢ _____

La masse est également mesurée en **kilogrammes** (kg).

Un carton de jus d'orange a une masse de 1 kg.

---

2. Estimez et encerclez la masse adéquate pour l'item.

   a)

   b)

   c)

   d)

100 g 100 kg	20 g 20 kg	35 g 35 kg	4 g 4 kg

---

1 kilogram = 1 000 grams   1 kg = 1 000 g

---

3. Remplissez le tableau.

kg	1	2	3	44	5	6	7	8
g	1 000							

4. a) Pour convertir une mesure de kilogrammes en grammes, je multiplie en _____.

   b) Changez la mesure en grammes.

      i) 13 kg = _____   ii) 49 kg = _____   iii) 107 kg = _____

5. Convertissez la mesure de kilogrammes en grammes. Puis encerclez la plus grande mesure.

   a) 500 g   (7 kg)   b) 9 300 g   91 kg   c) 34 768 g   15 kg
              7 000 g

   d) 2 222 g   2 kg   e) 70 kg   7 320 g   f) 47 kg   46 203 g

---

Alice multiplie par 1 000 pour convertir 0,32 kg en grammes. Elle écrit la décimale en millièmes. Puis elle déplace la décimale de trois positions vers la droite : 0,32 kg = 0,320 kg = 320 g.

6. Convertissez la mesure de kilogrammes en grammes.

a) 1,6 kg = ___1,600___ kg = _____ g

b) 0,89 kg = _____ kg = _____ g

c) 2,83 kg = _____ kg = _____ g

d) 0,02 kg = _____ kg = _____ g

e) 0,004 kg = _____ g

f) 1,789 kg = _____ g

g) 1,03 kg = _____ g

h) 23,6 kg = _____ g

7. Convertissez la mesure des kilogrammes à une mesure mixte.

a) 6,79 kg = ___6___ kg ___790___ g

b) 3,247 kg = _____ kg _____ g

c) 4,027 kg = _____ kg _____ g

d) 5,82 kg = _____ kg _____ g

e) 2,7 kg = _____ kg _____ g

f) 58,1 kg = _____ kg _____ g

8. Convertissez la mesure des kilogrammes à une mesure mixte.

a) 5 130 kg = ___5___ kg ___130___ g

b) 7 412 kg = _____ kg _____ g

c) 6 274 g = _____ kg _____ g

d) 8 081 g = _____ kg _____ g

e) 9 008 g = _____ kg _____ g

f) 57 400 g = _____ kg _____ g

9. Convertissez la mesure mixte à une mesure en grammes.

a) 3 kg = ___3 000___ g

donc 3 kg 71 g

	3	0	0	0	g
+			7	1	g
	3	0	7	1	g

b) 5 kg = _____ g

donc 5 kg 630 g

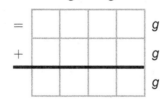

c) 7 kg = _____ g

donc 7 kg 23 g

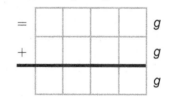

d) 9 kg 128 g = _____ g

e) 12 kg 237 g = _____ g

f) 44 kg 3 g = _____ g

10 Un facteur peut contenir 300 lettres dans son sac. Chaque lettre pèse environ 20 g. Quelle est la masse totale des lettres en kilogrammes?

11 a) Le bébé Mary pèse 3 617 grammes. Le bébé Josh pèse 4 kg. Quel bébé est le plus lourd? Expliquez.

b) Jennifer pesait 3,5 kg à la naissance. Elle a grandit à un taux de 200 g à chaque semaine. Combien de poids avait pris Jennifer à quatre semaines?

ME5-24 Unités de masse

1. Raj pense que 2 kg est plus lége que 15 g car 2 est moins que 15. A-t-il raison? Expliquez.

   _____

2. a) Écrivez la mesure en grammes qui est entre 4,35 kg et 4,36 kg. _____

   b) Écrivez la mesure en kilogrammes qui est entre 2 674 g et 3 196 g. _____

3. Convertissez la mesure des grammes à une mesure mixte.

   a) 1 530 kg = ___1___ kg ___530___ g   b) 2 639 kg = _____ kg _____ g

   c) 5 704 g = _____ kg _____ g   d) 3 410 g = _____ kg _____ g

   e) 6 019 g = _____ kg _____ g   f) 4 007 g = _____ kg _____ g

Nous mesurons la masse de très petits objets en **milligrammes**. Écrivez 1 **mg** pour 1 milligramme.

Voici certains exemples des masses en milligrammes :

petite fourmie : environ 1 mg   graine de sésame : environ 4 mg   grain de riz : environ 29 mg

4. Utiliserez-vous des grammes ou des milligrammes pour mesurer la masse?

   a) grain de sable   b) pièce de 10 cents   c) goutte de pluie

   mg   g   mg   g   mg   g

Nous utilisons des milligrammes lorsque nous voulons être précis. Par exemple, les docteurs utilisent les milligrammes pour les médicaments.

5. Encerclez la mesure qui remplie le mieux le champ vierge.

   a) Chaque comprimés contient tableau _____ de vitamines C.   500 mg   500 g

   b) Un pièce de monnaie pèse environ _____   6 mg   6 g

   c) Un pot peut contenir _____ de sel.   500 mg   500 g

   d) Une balle de tennis pèse environ _____ .   3 mg   3 g

   BONUS ▶ Un grain de sucre pèse environ _____ .   0,6 mg   0,6 kg

6. Le coût d'envoi d'un colis est de 4 $ par kilogramme. Combien cela en coûte-t-il pour envoyer un colis qui pèse 12 kg?

Nous mesurons la masse de très gros objets en **tonnes**. Écrivez 1 **t** pour 1 tonne. 1 tonne = 1 000 kg

Voici certains exemples des masses en tonnes :

petite auto : environ 1 t   autobus scolaire : environ 14 t   baleine bleue adulte : environ 140 t

7. Convertissez les mesures des tonnes en kilogrammes.

  a) 5 t = _____ kg   b) 18 t = _____ kg   c) 6 t = _____ kg   d) 50 t = _____ kg

  e) 1,5 t = _____ kg   f) 7,3 t = _____ kg   g) 4,55 t = _____ kg   h) 0,26 t = _____ kg

8. Choisissez l'unité le plus approprié (mg, g, kg ou t) pour mesurer la masse de l'objet.

  a) éléphant _____   b) araignée _____   c) édifice _____   d) sac de riz _____

  e) enveloppe _____   f) ours polaire _____   g) brocheuse _____   h) diamant _____

9. Un enfant de 11 ans pèse en moyenne 40 kg et un adulte 75 kg. Trois adultes planifient d'emmener 21 enfants de onze ans dans un voyage de rafting.
Le bateau peut transporter 1 tonne. Est-ce que tous les gens peuvent embarquer dans le bateau?

10. a) Un éléphant africain a une masse d'environ 5 000 kg. Combien de tonnes est-ce?

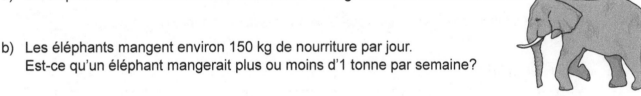

  b) Les éléphants mangent environ 150 kg de nourriture par jour.
  Est-ce qu'un éléphant mangerait plus ou moins d'1 tonne par semaine?

11. Un autobus vide pèse 10,5 t et peut contenir 40 passagers. Chaque passager pèse 70 kg en moyenne.

  a) Quel est le poids d'un autobus vide en kilogrammes? _____

  b) Quel est le poids de 40 passagers? _____

  c) Chaque passager peut emmener un sac qui pèse jusqu'à 25 kg. Quel est le poids

  maximal des sacs de 40 passagers? _____

  BONUS ▶ Un autobus est plein avec 40 passagers, un conducteur et le guide touristique.
  Chaque personne sur l'autobus a un sac pesant 25 kg. L'autobus peut-elle passer
  sur le pont qui permet uniquement les véhicules qui pèsent 15 t ou moins? Expliquez.

PTD5-9 Résultats

À chaque fois que vous faites quelque chose où il y a une possibilité de résultats différents, vous faites une **expérience**.

Lorsque vous lancez une pièce de monnaie, le résultat est une de deux **résultats** possible.

Lorsqu'Alice joue au tic-tac-toc avec un ami, le résultat sera un de trois possibilités :

1. Alice gagne.

2. Alice perd.

3. Personne ne gagne.

1. Énumérez tous les résultats (possibles) d'une table de roulette. Combien de résultats y a-t-il au total?

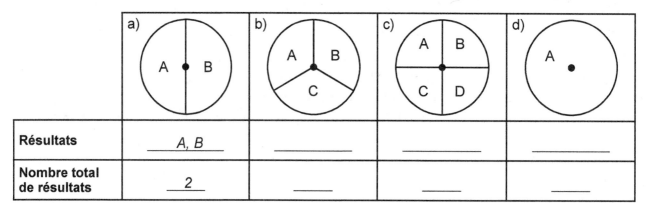

	a)	b)	c)	d)
Résultats	_A, B_	_____	_____	_____
Nombre total de résultats	_2_	____	____	____

2. Quels sont les résultats possibles lorsque vous lancez la pièce de monnaie? ___face___ , _____

3. Remplissez le tableau.

		Résultats	Nombre total de résultats
a)	**Un jeu d'échecs**	*les blancs gagnent,*	
b)	**Rouler un dé à six côtés**		
c)	**Une partie de baseball**		

4. Vous prenez une balle de la boîte. Faites une liste des résultats. Combien de résultats y a-t-il au total?

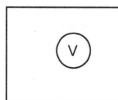

a) résultats : _J, R, B_   b) résultats : _____   c) résultats : _____   d) résultats : _____

___3___ résultats   _____ résultats   _____ résultats   _____ résultats

5. Énumérez des résultats et écrivez le nombre de résultats.

a) tournez un nombre pair : ___2, 4, 6, 8___ , nombre de résultats : ___4___

b) tournez un nombre impair : _____, nombre de résultats : _____

c) tournez un nombre plus grand que 4 : _____, nombre de résultats : _____

6. Ivan roule un dé à six faces. Énumérez des résultats et écrivez le nombre de résultats.

a) tournez un nombre pair : ___2, 4, 6___ , nombre de résultats : ___3___

b) tournez un nombre impair : _____, nombre de résultats : _____

c) tournez un nombre plus grand que 4 : _____, nombre de résultats : _____

7. Énumérez des résultats et écrivez le nombre de résultats.

tournez un nombre pair : _____, nombre de résultats : _____

BONUS ▶ tournez un nombre pair : _____, nombre de résultats : _____

Tournez la roulette vers la droite a quatre résultats :

1. L'aiguille pointe sur le dessus à droite. (B)
2. L'aiguille arrive sur le dessus à droite. (B)
3. L'aiguille arrive en bas à gauche. (B)
4. L'aiguille arrive en haut à gauche. (R)

---

8. Combien de résultats y a-t-il au total? Combien de résultats rouges y a-t-il au total?

a) _____ résultats

_____ résultat rouge

b) _____ résultats

_____ résultat rouge

c) _____ résultats

_____ résultats rouges

d) _____ résultats

_____ résultats rouges

e) _____ résultats

_____ résultats rouges

f) _____ résultats

_____ résultats rouges

PTD5-10 Chances égales

1. Nuancez la moitié des parties puis remplissez les champs vierges.

a)

_____ parties dans la moitié d'une tarte

_____ parties dans une tarte

b)

_____ parties dans la moitié d'une tarte

_____ parties dans une tarte

c)

_____ parties dans la moitié d'une boîte

_____ parties dans une boîte

d)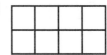

_____ parties dans la moitié d'une boîte

_____ parties dans une boîte

2. Encerclez la moitié des triangles.

a)

b)

c)

d)

3. Divisez par 2.

a) $4 \div 2 =$ _____   b) $6 \div 2 =$ _____   c) $10 \div 2 =$ _____   d) $8 \div 2 =$ _____

4. Le premier nombre est-il « plus de la moitié », « la moitié » ou « moins de la moitié » du second nombre? Indice : Trouvez la moitié du second nombre en premier.

a) 4 est ___*plus de la moitié*___ de 6.   b) 4 est _____ de 10.

c) 5 est _____ de 10.   d) 6 est _____ de 10.

e) 6 est _____ de 14.   f) 7 est _____ de 12.

g) 9 est _____ de 18.   h) 8 est _____ de 14.

5. Est-ce que plus de la moitié, la moitié ou moins de la moitié des régions sont blanches (W)?

a)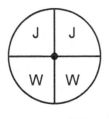

___*la moitié*___

b)

_____

c)

_____

d)

_____

6. Combien de parties de la roulette sont nuancées? Combien de parties y a-t-il au total?
   Encerclez la roulette si exactement la moitié de la roulette est nuancée.

a)

_____ parties nuancées

_____ parties au total

b)

_____ parties nuancées

_____ parties au total.

c)

_____ parties nuancées

_____ parties au total.

La moitié de la roulette est verte. Vous vous attendez de rouler vert la moitié du temps.

Il y a une **chance paire** de rouler vert.

Il est également **équiprobable** que vous rouliez vert ou bleu.

7. Encerclez les roulettes avec une chance paire de rouler vert.

8. Six billes sont dans la boîte. Trois d'entre elles sont jaunes et le autres sont rouges.

   a) Est-ce qu'exactement la moitié des billes sont jaunes? _____

   b) Y a-t-il une chance paire d'enlever une bille jaune? _____

   c) Le fait d'enlever une bille jaune ou rouge est-il équiprobable? _____

9. Il y a 14 billes dans une boîte. Six sont vertes, quatre sont rouges et les autres sont bleues.

   a) La moitié des billes sont elles vertes? _____

   b) Y a-t-il une chance paire d'enlever une bille verte? _____

   BONUS ▶ Le fait d'enlever une billet rouge ou bleue est-il équiprobable? _____

   Expliquez. _____

10. a) Une équipe de baseball gagne habituellement 5 des 8 parties jouées. Cette équipe a-t-elle
       une chance égale de gagner? _____

    b) Une équipe de hockey a joué 18 parties et en a gagné 8 d'entre elles. L'équipe a-t-elle gagné plus de
       la moitié des parties? _____ Expliquez. _____

    BONUS ▶ Une équipe de baseball a joué 13 parties et en a gagné 7 d'entre elles. L'équipe a-t-elle
            gagné plus de la moitié des parties? _____ Expliquez. _____

    _____

PTD5-11 Décrire la probabilité

Lorsque vous décrivez le résultat de rouler une roulette, un dé ou jouer un jeu, vous décrivez un **événement**.

Vous vous attendez à un événement ayant une **chance paire** de se produire exactement la moitié du temps.

Vous vous attendez à ce qu'un événement arrive **probablement** plus de la moitié du temps.

Vous vous attendez à ce qu'un événement arrive **peu probablement** moins de la moitié du temps.

Vous allez rouler probablement rouge sur la roulette dans l'image. Il est peu probable que vous rouliez bleu.

1. Décrivez l'événement comme probable, peu probable ou ayant une chance égale.

a)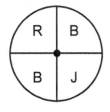

rouler rouge

peu probable

b)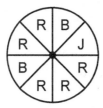

rouler rouge

c)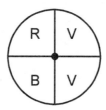

rouler vert

d)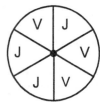

rouler vert

2. Utilisez « probable », « chance paire » ou « peu probable » pour décrire l'événement.

a)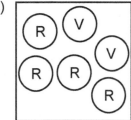

piger rouge

b)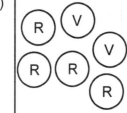

piger vert

c)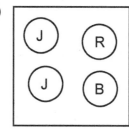

piger jaune

d)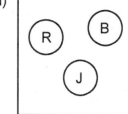

piger rouge

3. Décrivez les chances que l'événement soit peu probable, égal ou probable.

a) 8 billes sont dans une boîte, 4 billes sont rouges
Événement : Vous enlevez une bille rouge.

b) 10 billes dans une boîte, 6 billes sont rouges
Événement : Vous enlevez une bille rouge.

c) 6 bas sont dans un tiroir, 4 bas noirs
Événement : Vous enlevez un bas noir.

d) 12 pièce de monnaie dans une poche, 3 dix cennes
Événement : Vous enlevez un dix cennes.

e) Vous roulez un dé et obtenez un 5 ou un 6.

BONUS ▶ 150 mm de pluie tombera aujourd'hui.

4. De quelle couleur pigerez-vous probablement la bille, rouge ou bleue? _____

Expliquez. _____

_____

Si un événement ne peut pas se produire, il est **impossible**. Roulez un 7 sur un dé est impossible car un dé possède uniquement 6 côtés.

Si un événement doit se produire, il est **certain**. Lorsque vous lancez une pièce de monnaie, il est certain que celle-ci tombera sur pile ou face.

5. Utilisez « certain », « probable », « chance paire » ou « peu probable » ou « impossible » pour décrire l'événement.

a)

rouler vert

_____

b)

choisir bleu

_____

c)

choisir vert

_____

d)

choisir vert

_____

e)

rouler jaune

_____

f)

rouler rouge

_____

6. Remplissez les champs vierges avec « moins probable que », « plus probable que » ou « également probable que ». Indice : Comptez le nombre de billes de chaque couleur.

a) Dessinez une bille rouge est _____ dessinez une bille verte.

b) Dessinez une bille jaune est _____ dessinez une bille rouge.

c) Dessinez une bille bleue est _____ dessinez une bille verte.

d) Dessinez une bille orange (O) est _____ dessinez une bille bleue.

7. a) Concevoir une roulette avec du rouge et des parties bleues où rouler rouge est moins probable que rouler bleu.

b) Concevoir une roulette avec du rouge, les parties bleues et vertes où rouler vert est plus probable que rouler bleu.

c) Concevoir une roulette avec au moins trois parties où la roulette vert est impossible.

Probabilité et traitement de données 5-11

PTD5-12 Probabilité

La roulette a 4 sections égales et 3 d'entre elles sont rouges.

Donc la **probabilité** que la roulette tombera sur rouge est $\frac{3}{4}$.

La fraction $\frac{3}{4}$ représente la nombre de façons de rouler rouge (3 est le numérateur) sur le nombre total de résultats (4 est le dénominateur).

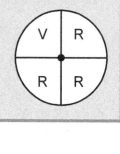

1. Remplissez les champs vierges. Quelle est la probabilité de rouler rouge?

a) __2__ façons de rouler rouge

__3__ sections égales au total

La probabilité de rouler rouge est $\boxed{\dfrac{2}{3}}$.

b) _____ façons de rouler rouge

_____ sections égales au total.

La probabilité de rouler rouge est $\boxed{}$.

c) _____ façon de rouler rouge

_____ sections égales au total

La probabilité de rouler rouge est $\boxed{}$.

d) _____ façon de rouler rouge

_____ sections égales au total.

La probabilité de rouler rouge est $\boxed{}$.

2. Trouvez la probabilité de choisir une bille de la couleur donnée.

a) B V R R

rouge : $\boxed{\dfrac{2}{4}}$

b) B V R R

verte : $\boxed{}$

c) J V B R B V

bleue : $\boxed{}$

BONUS ▶

J V B R B V

non bleue : $\boxed{}$

3. Les six résultats possibles de rouler un dé normal sont : 1, 2, 3, 4, 5 ou 6. Complétez le tableau. Utilisez les fractions équivalentes pour écrire la probabilité comme une fraction avec les nombres les plus petits possible.

	Événement	Résultats qui établissent un événement	Probabilité d'un événement
a)	Rouler un nombre pair	2, 4, 6	$\dfrac{3}{6} = \dfrac{1}{2}$
b)	Rouler un nombre plus grand que 4		
c)	Rouler un nombre moins de 4		

4. Kim a 8 billes dans une boîte. Elle sort une bille sans regarder. Remplissez le tableau. Écrivez la probabilité comme une fraction avec les nombres les plus petits possible.

(W) (W) (W) (W) (R) (R) (R) (B)

	Événement	Nombre de résultats	Probabilité
a)	Sortir une bille rouge		
b)	Sortie une bille qui n'est pas rouge		
c)	Ne pas sortir une bille bleue		
BONUS ▶	Sortir une bille qui n'est ni blanche (W) ni rouge		

5. Lorsque Zack roule la roulette, il dit que la probabilité de rouler blanc (W) est $\frac{1}{3}$ car 1 sur 3 résultats sont possible. Expliquez son erreur.

_____

_____

BONUS ▶ Quelle est la probabilité de rouler blanc? ☐

6. Écrivez la fraction qui donne la probabilité de rouler le nombre donné.

a) le chiffre 3 ☐

b) le chiffre 1 ☐

c) un chiffre pair ☐

d) un chiffre impair ☐

e) un nombre moins de 5 ☐

f) un nombre plus de 5 ☐

7. Écrivez une fraction qui donne la probabilité de rouler la lettre donnée.

a) la lettre E ☐

b) la lettre A ☐

c) une voyelle ☐

d) une consonne ☐

e) une lettre qui apparaît dans le mot « Canada » ☐

8. Concevez une roulette avec des sections rouges et bleues où la probabilité de rouler rouge est $\frac{5}{6}$.

PTD5-13 Prévisions

La roulette à deux résultats. Il y a une chance égale de rouler gris ou blanc.

Nous prévoyons de rouler gris
$\frac{1}{2}$ du temps.

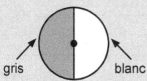

gris   blanc

Nous prévoyons de rouler blanc
$\frac{1}{2}$ du temps.

Si nous roulons la roulette 20 fois, nous prévoyons de rouler le gris 10 fois car 10 est la moitié de 20.

1. a) Si vous lancez une pièce de monnaie à répétition, quelle fractions du temps prévoyez-vous que celle-ci tombe sur chaque côté?

   face [ ]   pile [ ]

   b) Il y a une chance égale d'obtenir pile ou face? _____

2. a) Utilisez une division ou trouver la réponse.

   i) $\frac{1}{2}$ de 10 = _10 ÷ 2 = 5_____   ii) $\frac{1}{2}$ de 20 = _____

   iii) $\frac{1}{2}$ de 16 = _____   iv) $\frac{1}{2}$ de 48 = _____

   b) Complétez la phrase : Pour trouver $\frac{1}{2}$ d'un chiffre, vous pouvez diviser le nombre par _____.

   c) Complétez la phrase : Pour trouver $\frac{1}{4}$ d'un chiffre, vous pouvez diviser le nombre par _____.

3. Admettons que vous lancez une pièce de monnaie 100 fois.

   a) Combien de fois prévoyez-vous qu'elle tombera pile? _____

   b) Combien de fois prévoyez-vous qu'elle tombera face? _____

Il y a quatre résultats pour cette roulette : une est grise et trois sont blancs.

Nous prévoyons de rouler gris
$\frac{1}{4}$ du temps.

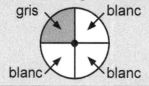

gris   blanc
blanc   blanc

Nous prévoyons de rouler blanc
$\frac{3}{4}$ du temps.

4. a) Combien de fois prévoyez-vous le gris lorsque vous roulez la roulette...

   i) 4 fois? _1_   ii) 8 fois? _____   iii) 12 fois? _____

   iv) 16 fois? _____   v) 20 fois? _____   vi) 24 fois? _____

   b) Combien de fois prévoyez-vous blanc lorsque vous roulez la roulette...

   i) 4 fois? _3_   ii) 8 fois? _____   iii) 12 fois? _____

   iv) 16 fois? _____   v) 20 fois? _____   vi) 24 fois? _____

Il y a six résultats lorsque vous roulez un dé. Quatre résultats sont moins de 5 : 1, 2, 3 et 4.
Deux résultats sont plus grand ou égal à 5 : 5 et 6.

Nous prévoyons de roulez un nombre moins de 5 $\frac{4}{6}$ du temps.

Nous prévoyons de rouler un nombre plus grand ou égal à 5 $\frac{2}{6}$ du temps.

5. a) Combien de fois prévoyez-vous obtenir un nombre de 5 lorsque vous roulez un dé...

   i) 6 fois? __4__　　　　ii) 12 fois? _____　　　　iii) 18 fois? _____

  b) Combien de fois prévoyez-vous obtenir un nombre plus grand ou égal à 5 lorsque vous roulez un dé...

   i) 6 fois? __2__　　　　ii) 12 fois? _____　　　　iii) 18 fois? _____

BONUS ▶ Nuancez n'importe quel des quatre nombres afin que $\frac{4}{6}$ sont nuancés et $\frac{2}{6}$ ne le sont pas.

  a) Combien de fois prévoyez-vous obtenir un nombre nuancé lorsque vous roulez un dé...

   i) 6 fois? _____　　　　ii) 12 fois? _____　　　　iii) 18 fois? _____

  b) Combien de fois prévoyez-vous obtenir un nombre non nuancé lorsque vous roulez un dé...

   i) 6 fois? _____　　　　ii) 12 fois? _____　　　　iii) 18 fois? _____

6. a) Remplissez le tableau.

	i)	ii)	iii)	BONUS ▶
Nombre total de résultats	4			
Nombre total de résultats gris	3			
Nombre total de résultats blancs	1			
Fraction des résultats gris	$\frac{3}{4}$			
Fraction des résultats blancs	$\frac{1}{4}$			

  b) Simon roule chaque roulette en partie a), i) à iii) 12 fois. Combien de fois prévoit-il qu'elle tombera sur chaque couleur?

   i) gris __9__ blanc __3__　　ii) gris _____ blanc _____　　iii) gris _____ blanc _____

PTD5-14 Expériences en probabilité

1. a) Si vous lancez une pièce de monnaie à répétition, quelle fractions du temps prévoyez-vous d'obtenir le résultat?

   i) face [ ]

   ii) pile [ ]

   b) Si vous lancez une pièce de monnaie 40 fois, combien de fois prévoyez-vous d'obtenir le résultat?

   i) face _____

   ii) pile _____

   c) Lancez une pièce de monnaie 40 fois et enregistrez les résultats dans le tableau des décomptes.

Résultat	Prédiction	Décompte	Compte
face			
pile			

   d) Les résultats concordent-ils avec vos prédictions? Expliquez.

   _____

   _____

2. Quel de ces trois résultats des 100 lancements de pièce de monnaie est le plus probable?

   A. 100 faces, 0 pile   **B.** 6 faces, 94 piles   **C.** 51 faces, 49 piles

   Expliquez. _____

RAPPEL ▶ Pour trouver $\frac{1}{3}$ d'un nombre, divisez le nombre par 3. $\frac{1}{3}$ de 12 $= 12 \div 3 = 4$.

---

3. a) Si vous roulez la roulette 30 fois, combien de fois prévoyez-vous rouler la couleur?

   i) gris _____   ii) blanc _____

   b) Utilisez une trombone pour attacher un crayon à une roulette.
   Roulez 30 fois. Enregistrez les résultats.

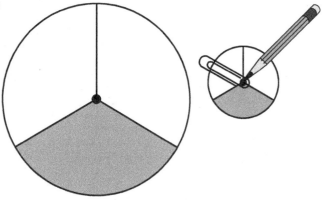

Résultat	Décompte	Compte
gris		
blanc		

   c) Les résultats concordent-ils avec vos prédictions? Expliquez. _____

   _____

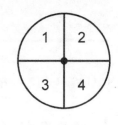

4. Jin et Cathy jouent un jeu avec une roulette sur la droite. Pour chaque tour, le joueur tourne deux fois et additionne les nombres.

a) Complétez le tableau au-dessous to déterminer combien de façons il y a d'obtenir la somme.

   i) 2 : __1__ manières   ii) 3 : _____ manières   iii) 4 : _____ manières   iv) 5 : _____ manières

   v) 6 : _____ manières   vi) 7 : _____ manières   vii) 8 : _____ manières

Résultat du premier tour	Résultat du second tour	Résultats des sommes	Résultat du premier tour	Résultat du second tour	Résultats des sommes
1	1	_1_ + _1_ = _2_	2	1	_2_ + _1_ = _3_
	2	_1_ + _2_ = _3_		2	___ + ___ = ___
	3	___ + ___ = ___		3	___ + ___ = ___
	4	___ + ___ = ___		4	___ + ___ = ___
3	1	___ + ___ = ___	4	1	___ + ___ = ___
	2	___ + ___ = ___		2	___ + ___ = ___
	3	___ + ___ = ___		3	___ + ___ = ___
	4	___ + ___ = ___		4	___ + ___ = ___

b) Quel résultat des sommes ont une chance égale de se produire? _____

c) Quel résultat des sommes a la meilleure chance de se produire? _____

d) Faites rouler 32 fois la roulette de Jin et Cathy. Pour chaque tour, faites rouler la roulette deux fois et additionnez les résultats. Enregistrez les résultats dans le tableau de décompte.

Somme	Décompte	Compte
2		
3		
4		
5		
6		
7		
8		

e) Vos résultats concordent-ils avec vos prédictions? Expliquez.

5. Amy gagne si la pièce de monnaie tombe sur face. Ben gagne si celle-ci tombe sur pile. Ils lancent la pièce de monnaie 24 fois au total et enregistrent les résultats dans un tableau de décompte. Amy dit que quelque chose n'est pas normal car il y a nécessairement 12 piles et 12 faces. Êtes-vous d'accord? Expliquez.

F	JHT JHT I
P	JHT JHT III

PTD5-15 Jeux et probabilité

Dans un **jeu équitable**, tous les joueurs ont la même probabilité de gagner.

1. Le joueur A gagne si la roulette tombe sur gris; le joueur B gagne si la roulette tombe sur blanc. Encerclez les roulettes qui rendent le jeu équitable.

2. Jack, Lynn et Shelly ont 10 cartes avec les nombres 1 à 10. Ils sortent une carte sans regarder. Chaque joueur cumule des points selon le nombre sur la carte :

   • Jack obtient un pointage si le nombre est un nombre impair.

   • Lynn cumule des points sur le nombre est 1, 2, 5 ou 10.

   • Shelly cumule des points si le nombre est 3, 6, 9 ou 10.

   a) Quelle est la probabilité pour chaque joueur de cumuler des points?

   Jack : ☐   Lynn : ☐   Shelly : ☐

   b) Le jeu est-il équitable? _____ Expliquez. _____

   _____

   c) Combien de points prévoyez-vous que chaque joueur cumulera après 20 tours?
   Encerclez le gagnant prévu.

   Jack : _____   Lynn : _____   Shelly : _____

   d) Jack, Lynn et Shelly tirent une carte 20 fois. Voici les résultats du décompte.

Nombre sur la carte	1	2	3	4	5	6	7	8	9	10
Décompte pour les cartes tirées	|||	|||		|||	||			||			|||	||

   Combien chaque personne a-t-elle cumulé de points? Encerclez le(la) gagnant(e).

   Jack : _____   Lynn : _____   Shelly : _____

   e) Le(la) gagnant(e) est-il(elle) le(la) même que prévu(e) dans la partie c)? Expliquez.

   _____

   _____

3. Concevez une roulette avec quatre parties où les résultats sont équitables pour le Joueur 1, Joueur 2 et Joueur 3.

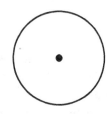

4. Mandy et Luc jouent un jeu de chance avec la roulette montrée. Si celle-ci tombe sur jaune, Mandy gagne. Si elle tombe sur rouge, Luc gagne.

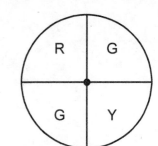

a) Luc et Mandy jouent au jeu 32 fois. Prédisez combien de fois la roulette tombera sur rouge. _____

b) Utilisez une trombone et un crayon comme roulette. Tournez-la 32 fois et enregistrez les résultats dans le tableau de décompte et sur le graphique à barres.

Résultat	Décompte	Compte
rouge		
vert		
jaune		

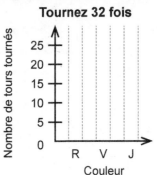

Les résultats reflètent-ils vos attentes? _____

5. Écrivez les nombres sur la roulettes pour les probabilités données.

a)  La Probabilité de rouler un 3 est $\frac{1}{4}$.

b) La Probabilité de rouler un nombre pair est $\frac{5}{6}$.

c) 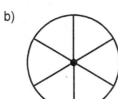 La Probabilité de rouler un 3 ou un 6 est $\frac{2}{5}$.

BONUS ▶  La Probabilité de rouler un 2 est $\frac{1}{3}$.

6. Si vous lancez une pièce de monnaie 20 fois, quel tableau de décompte serait le plus probable? _____

A.

Face	Pile
卌	卌
卌	
卌	

B.

Face	Pile
卌	卌
卌	IIII
I	

C.

Face	Pile
卌	卌
II	卌
	III

Expliquez votre choix. _____

_____

_____